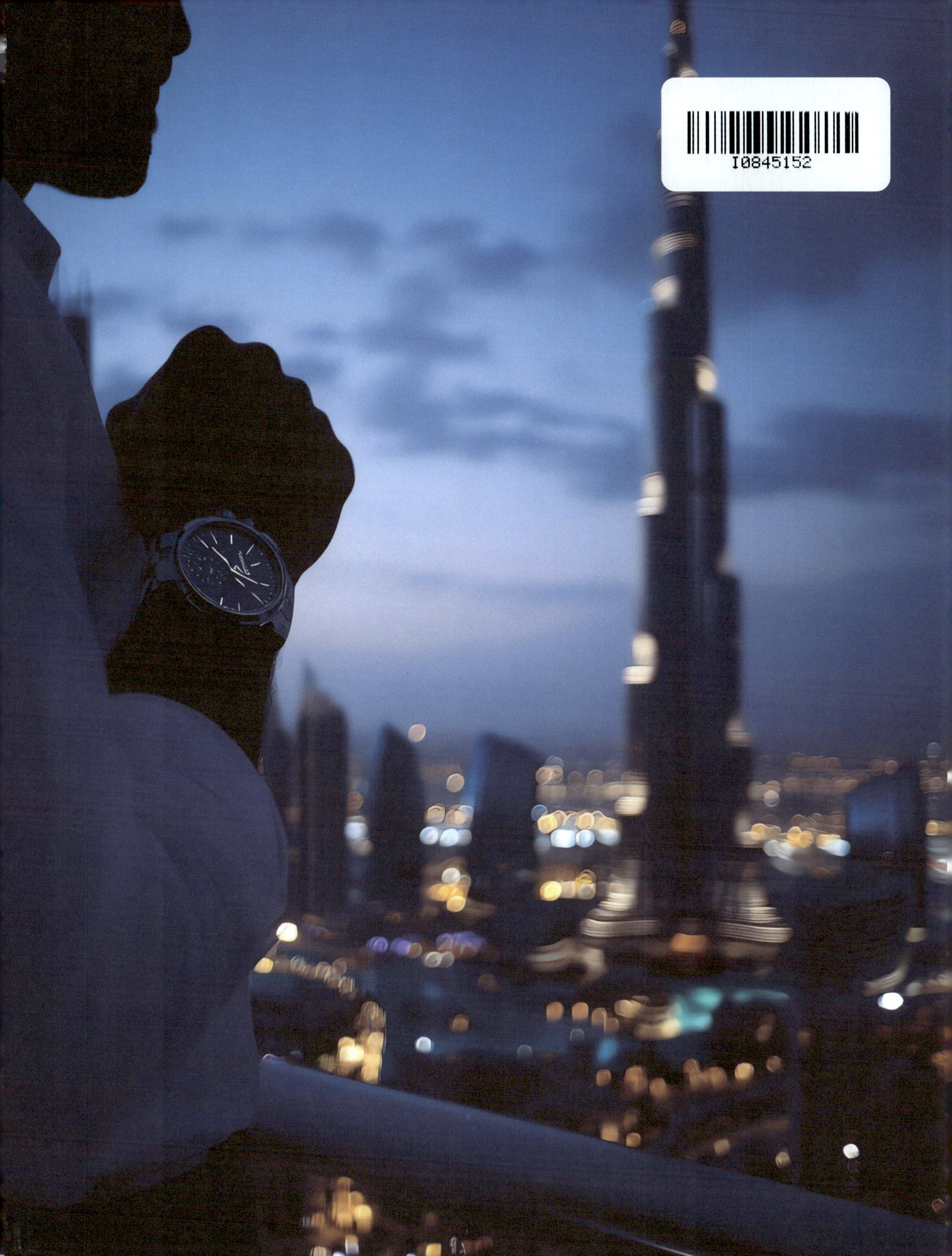
I0845152

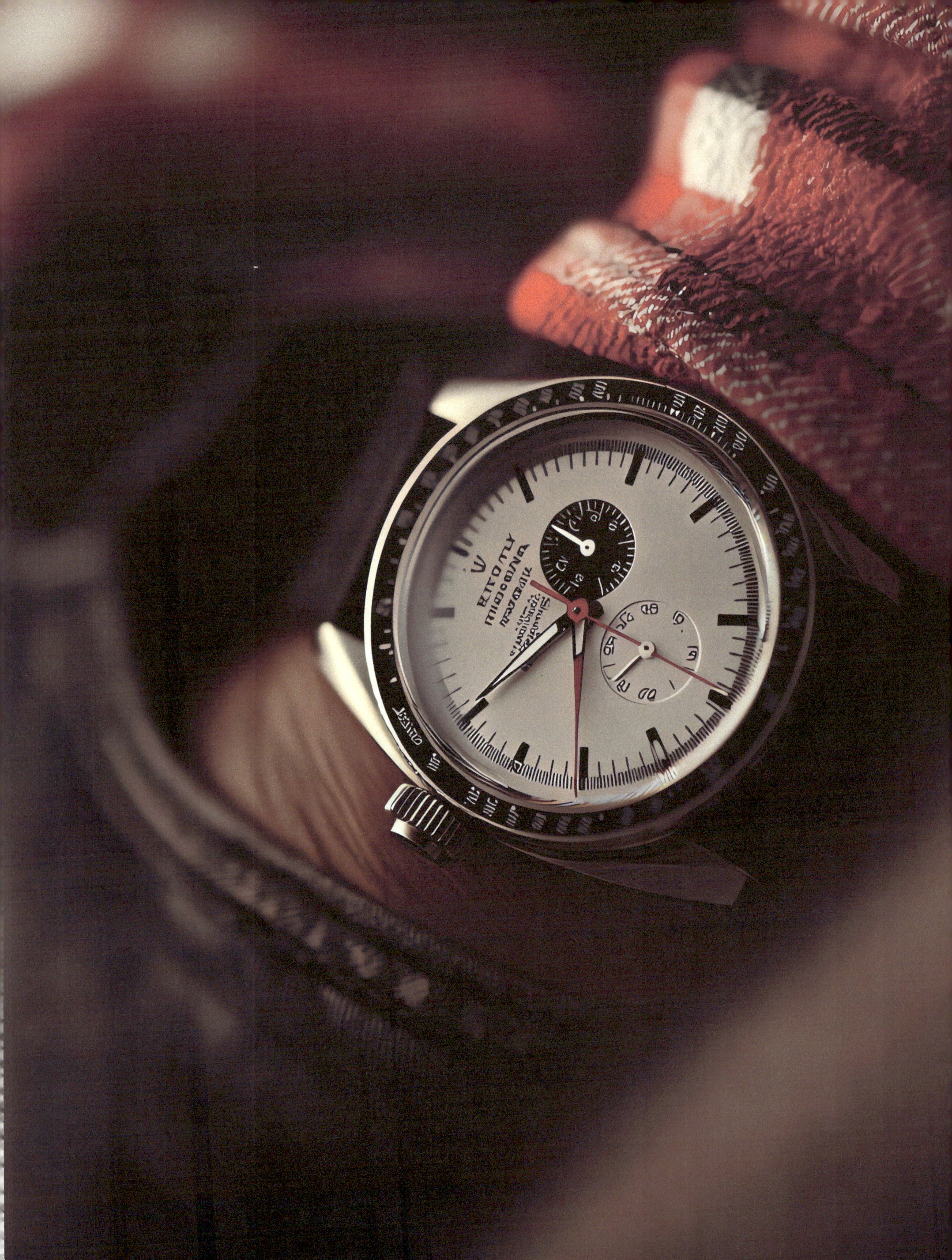

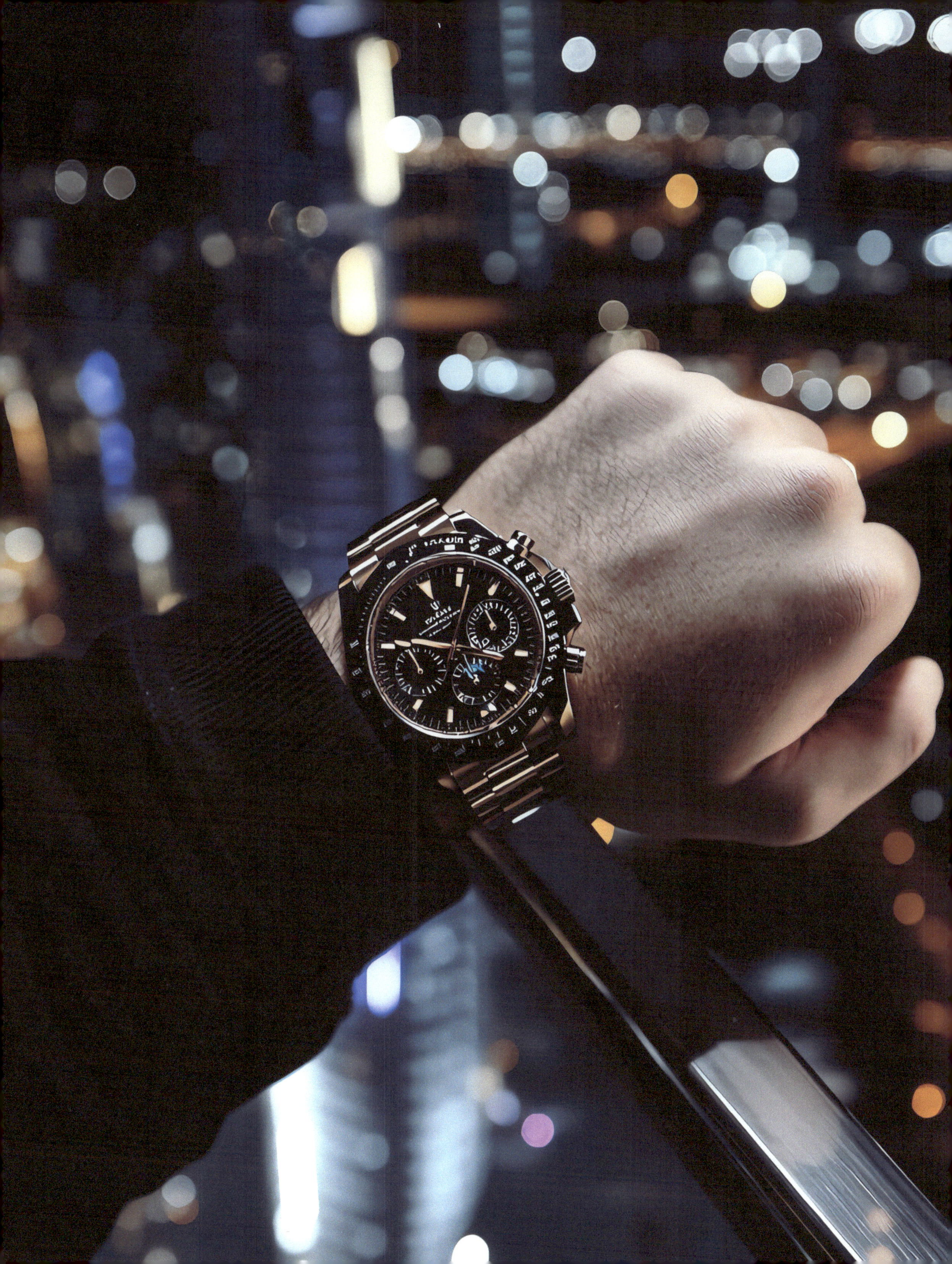

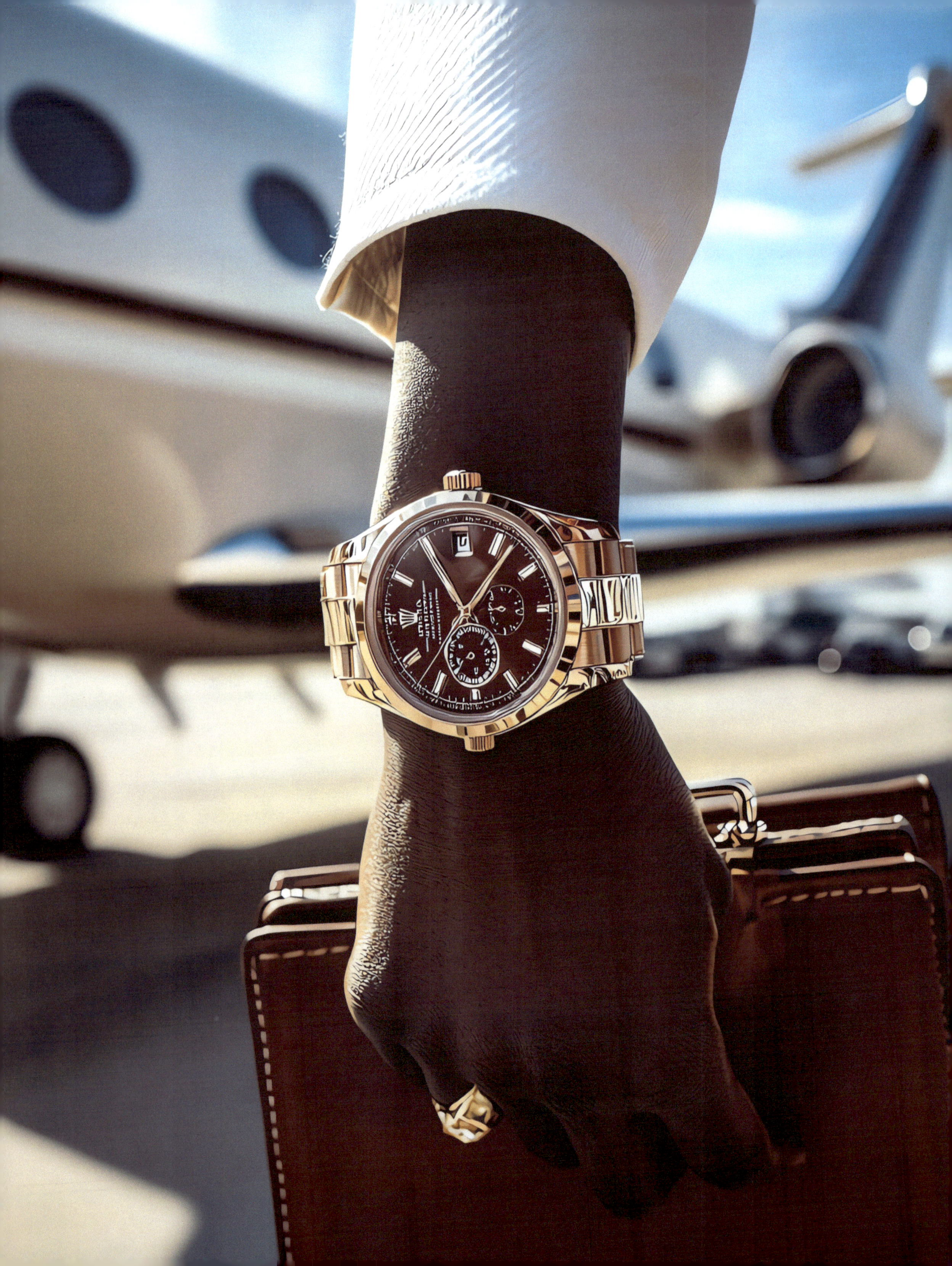

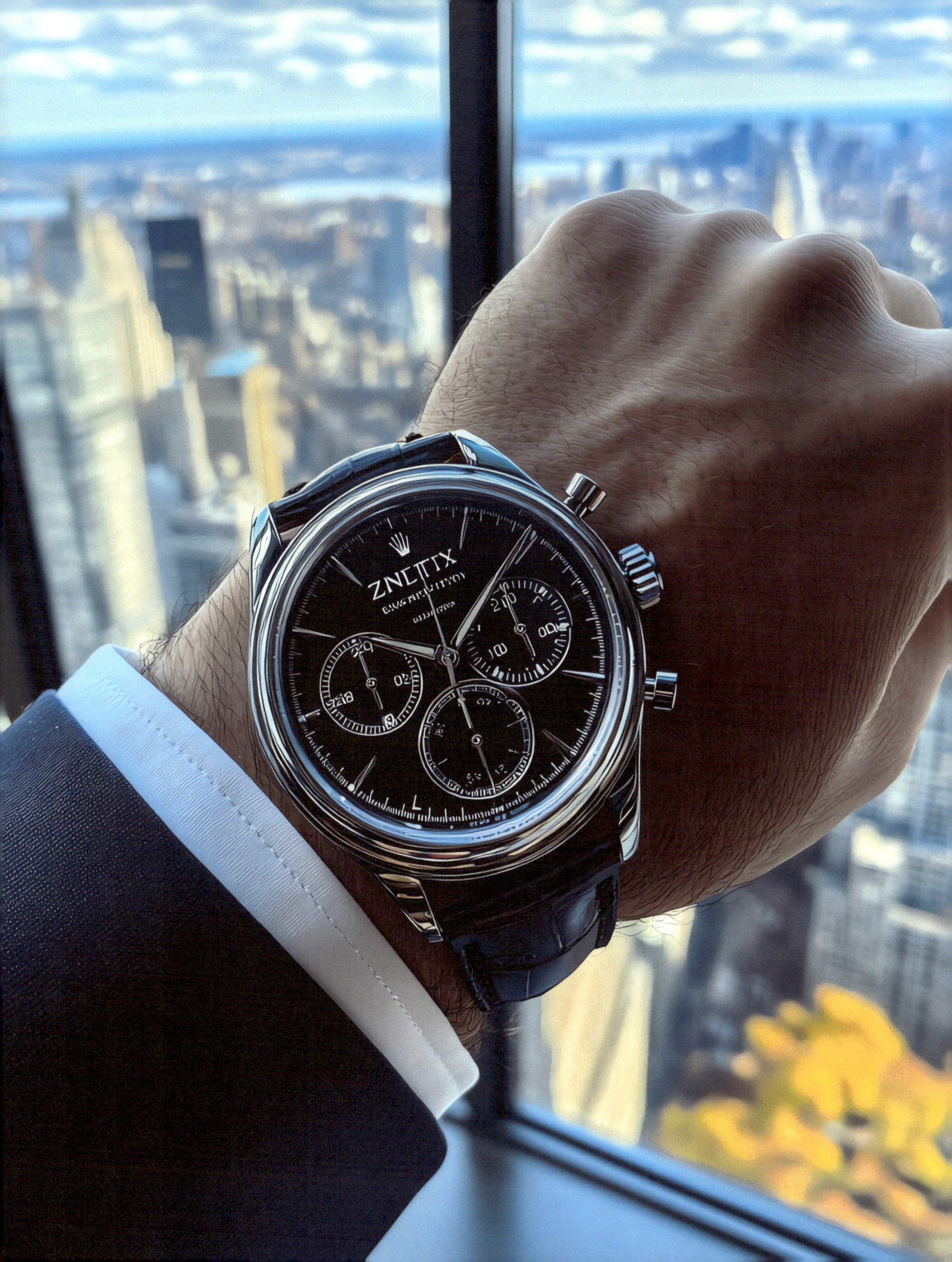

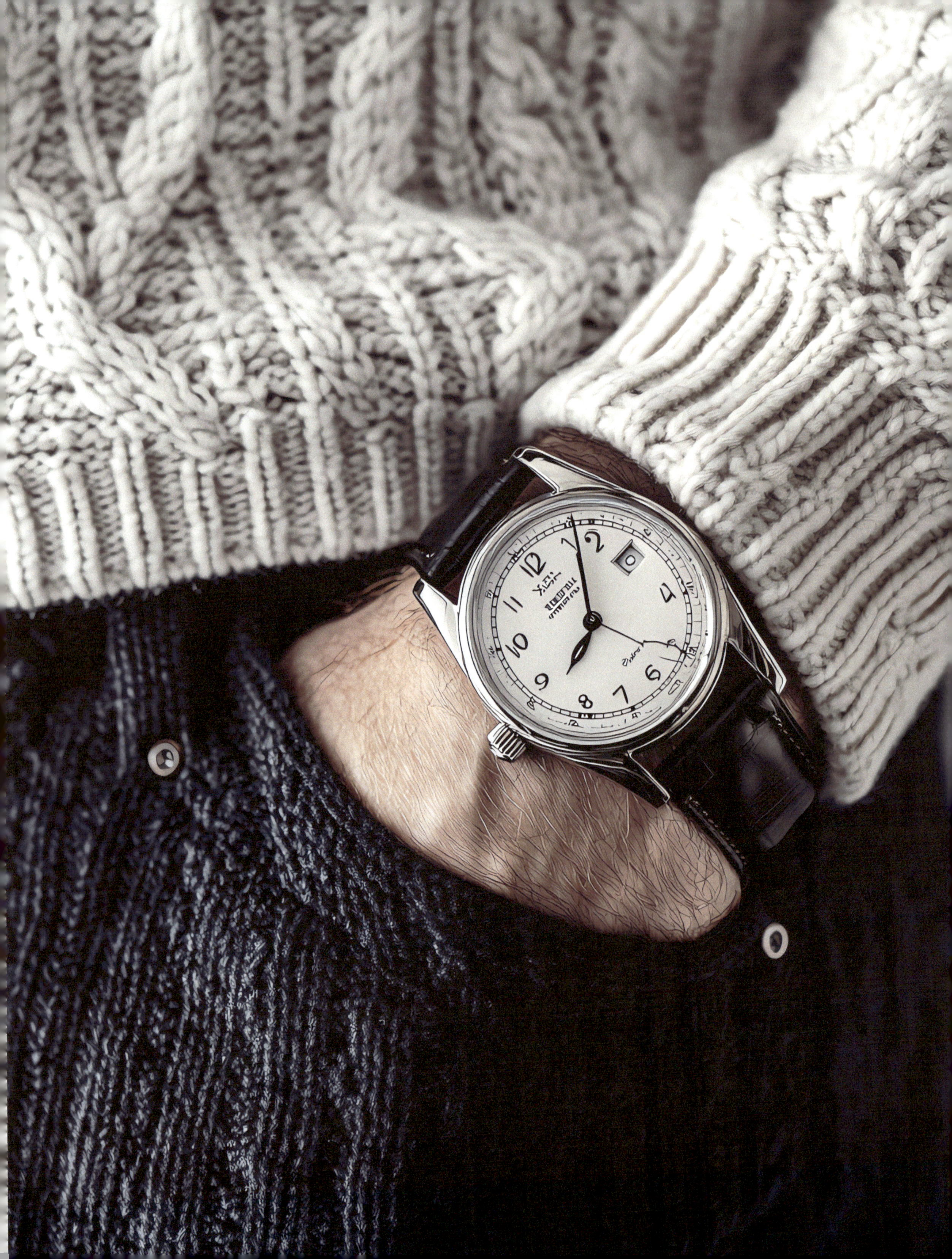

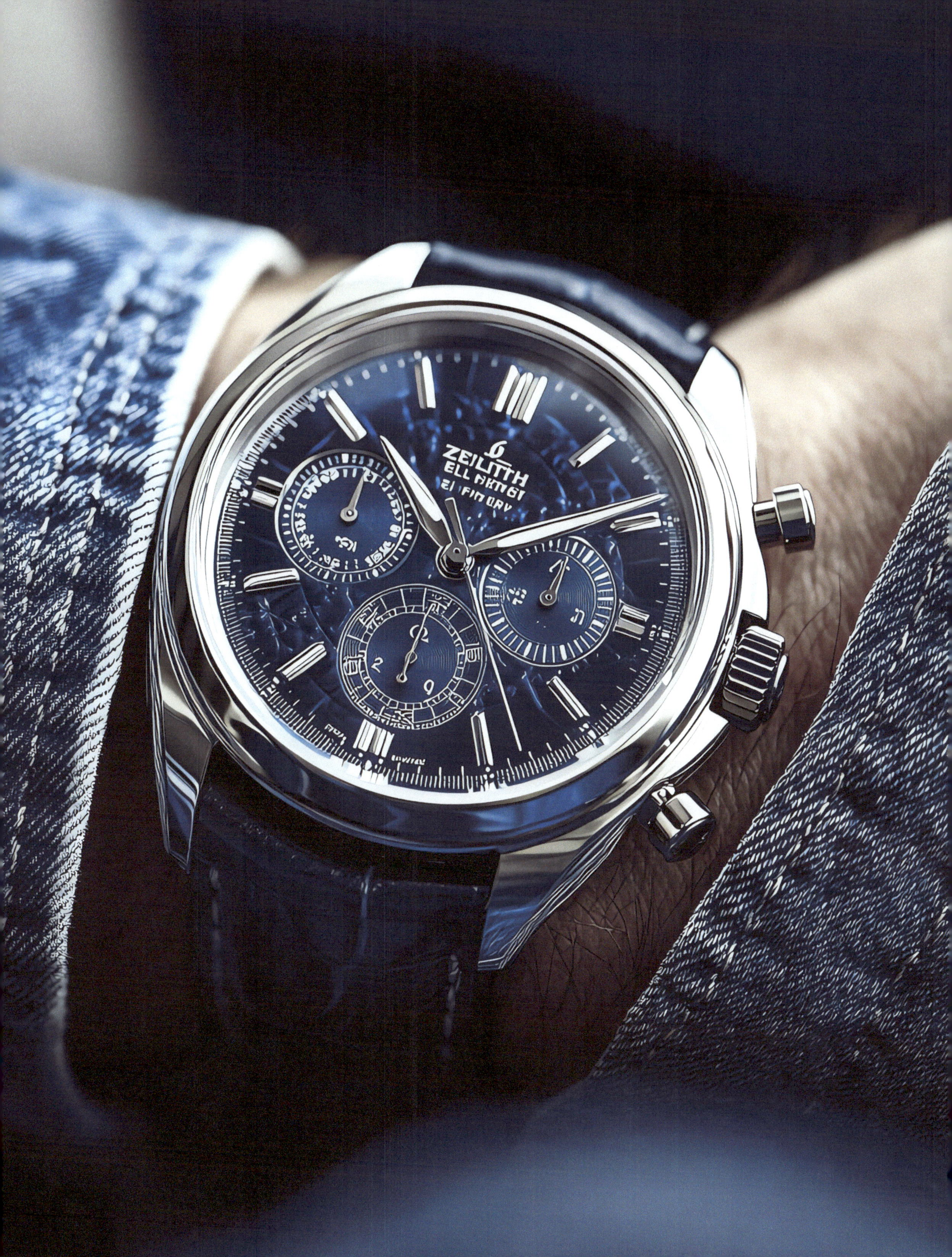

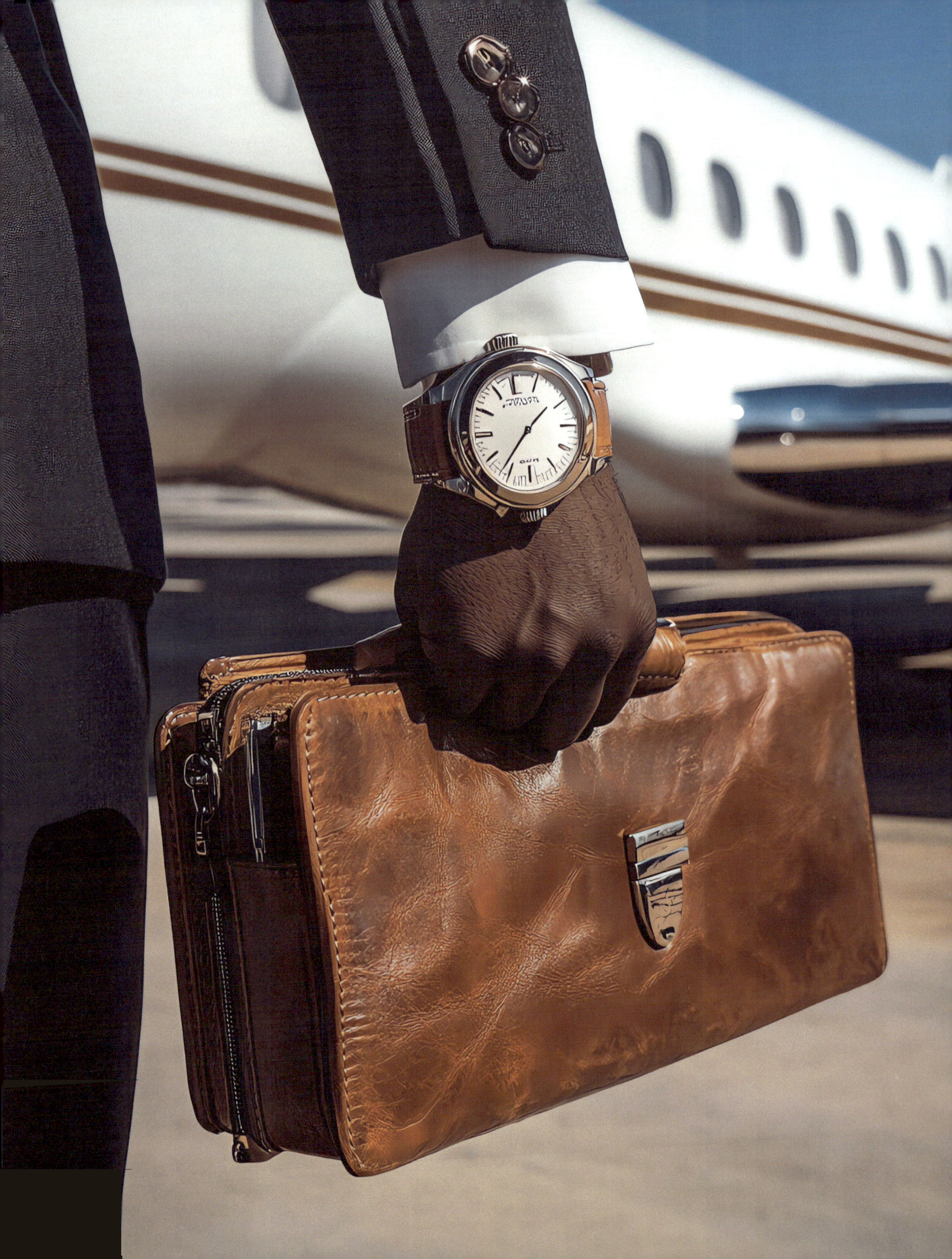

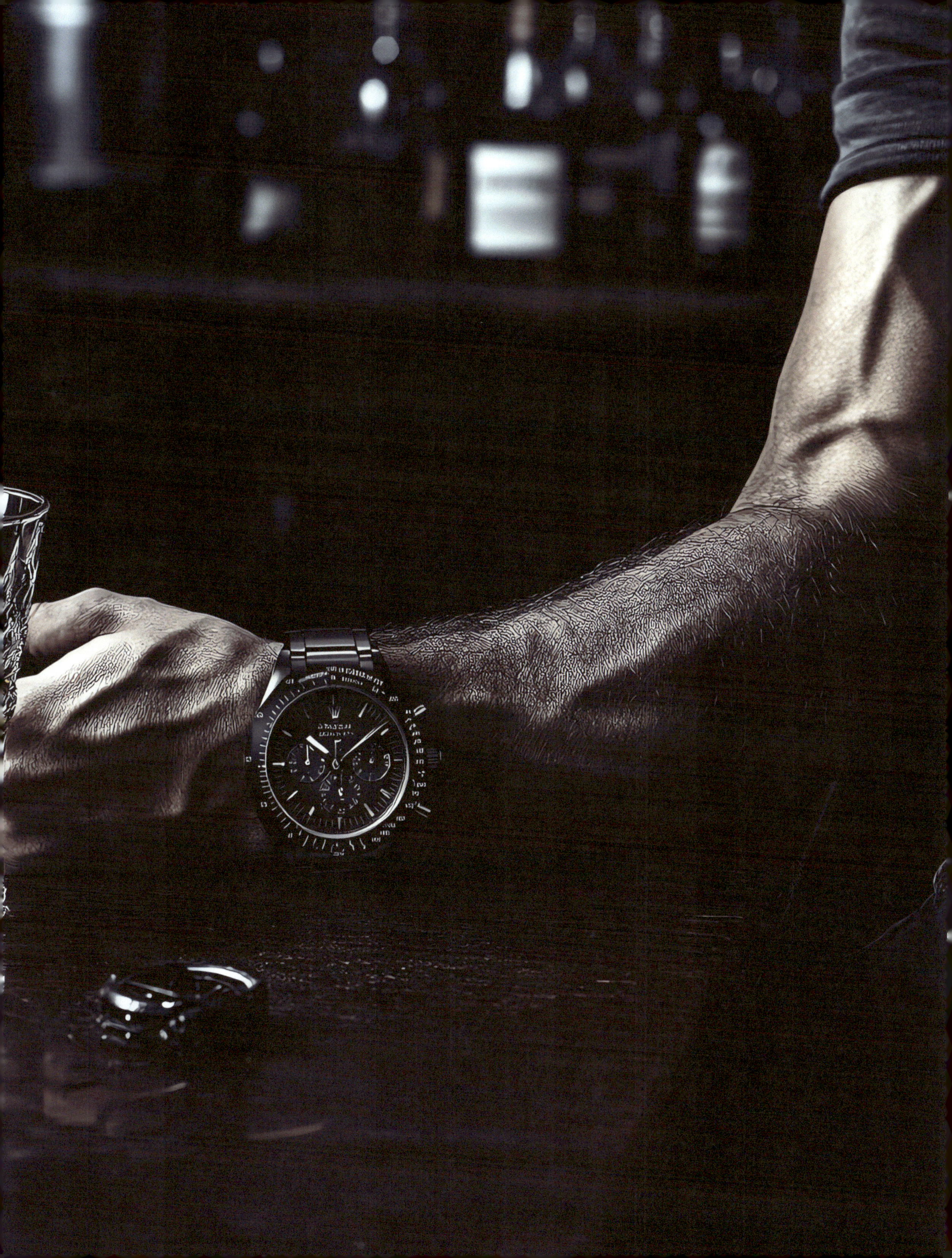

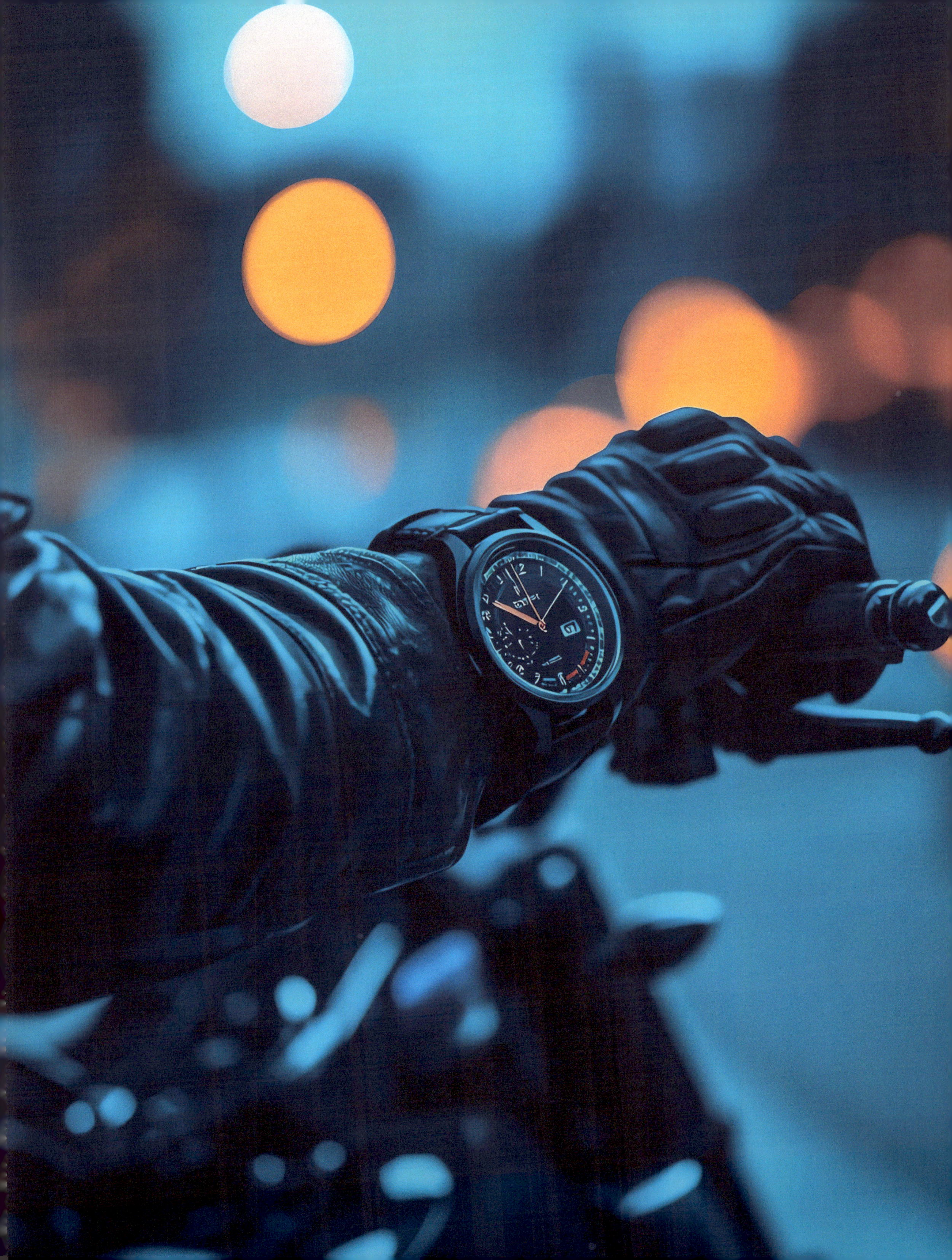

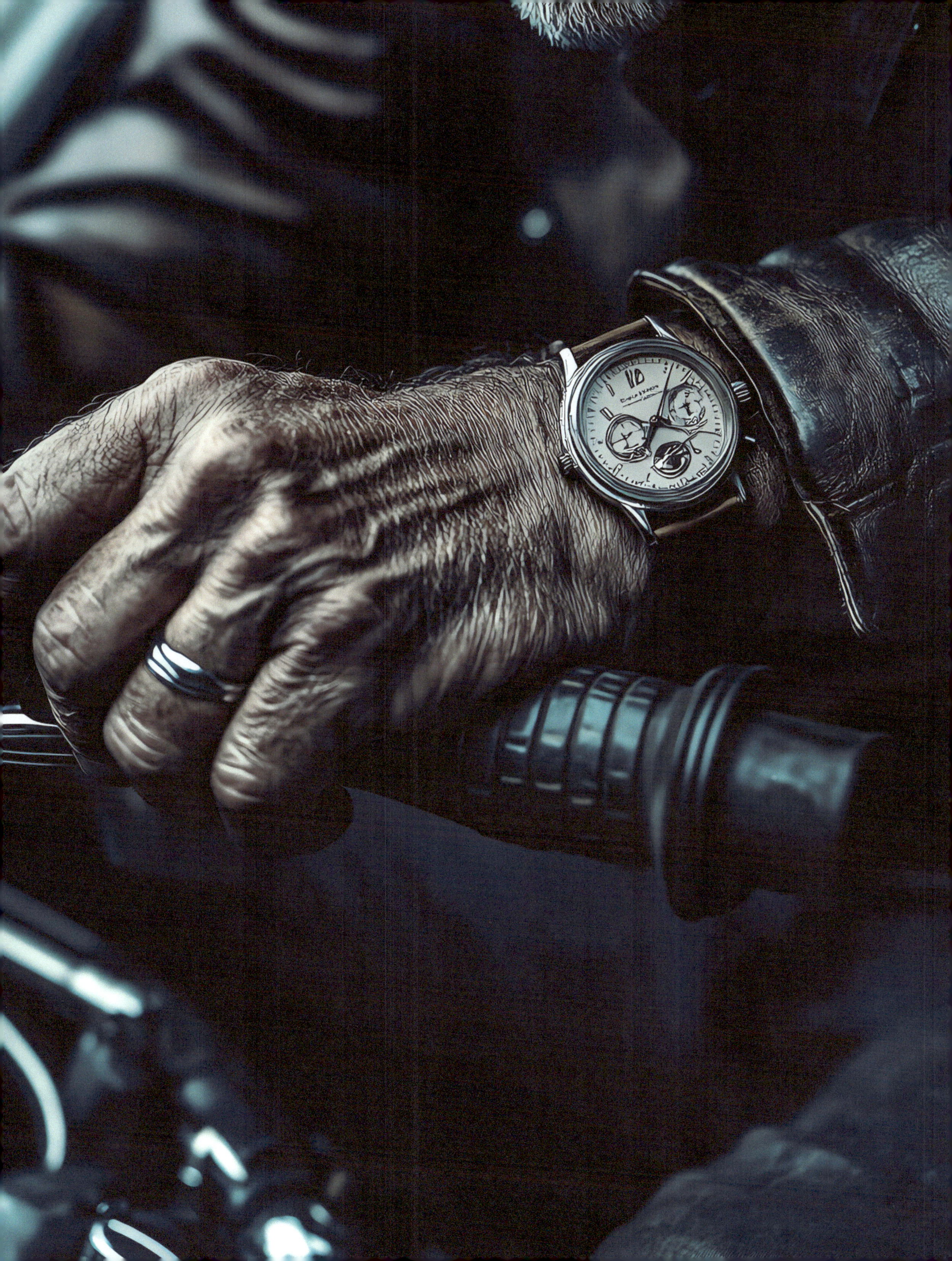

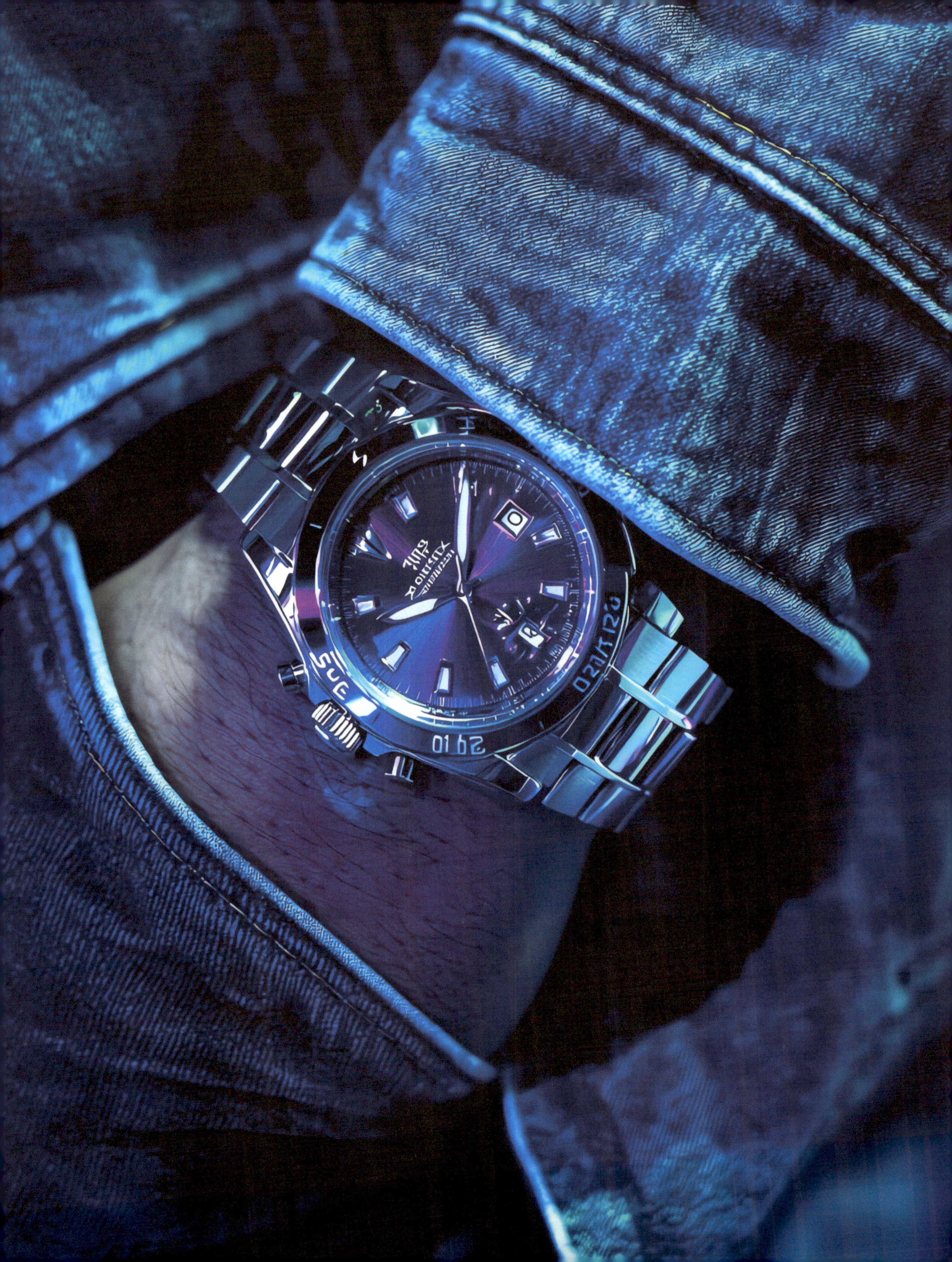

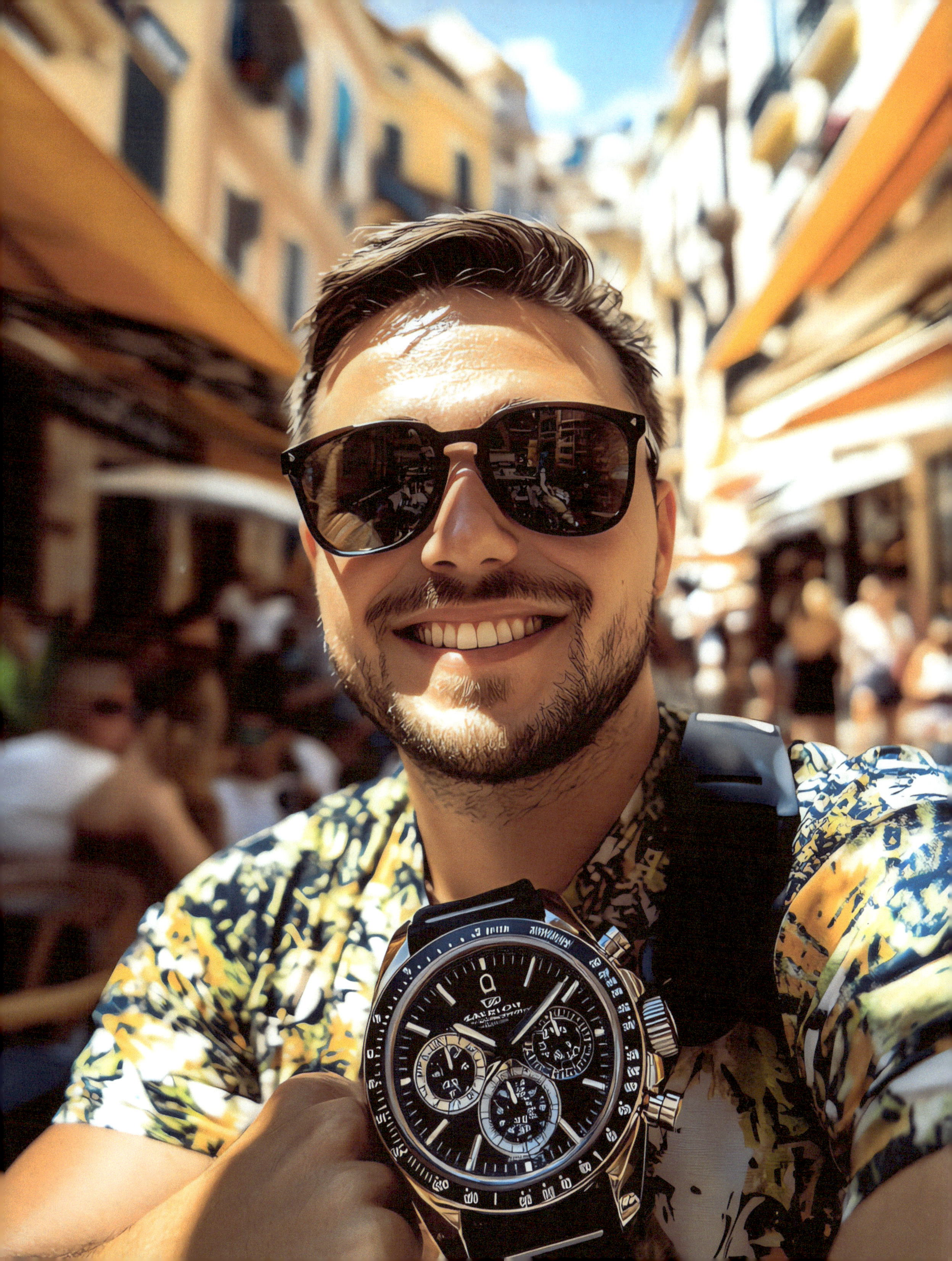

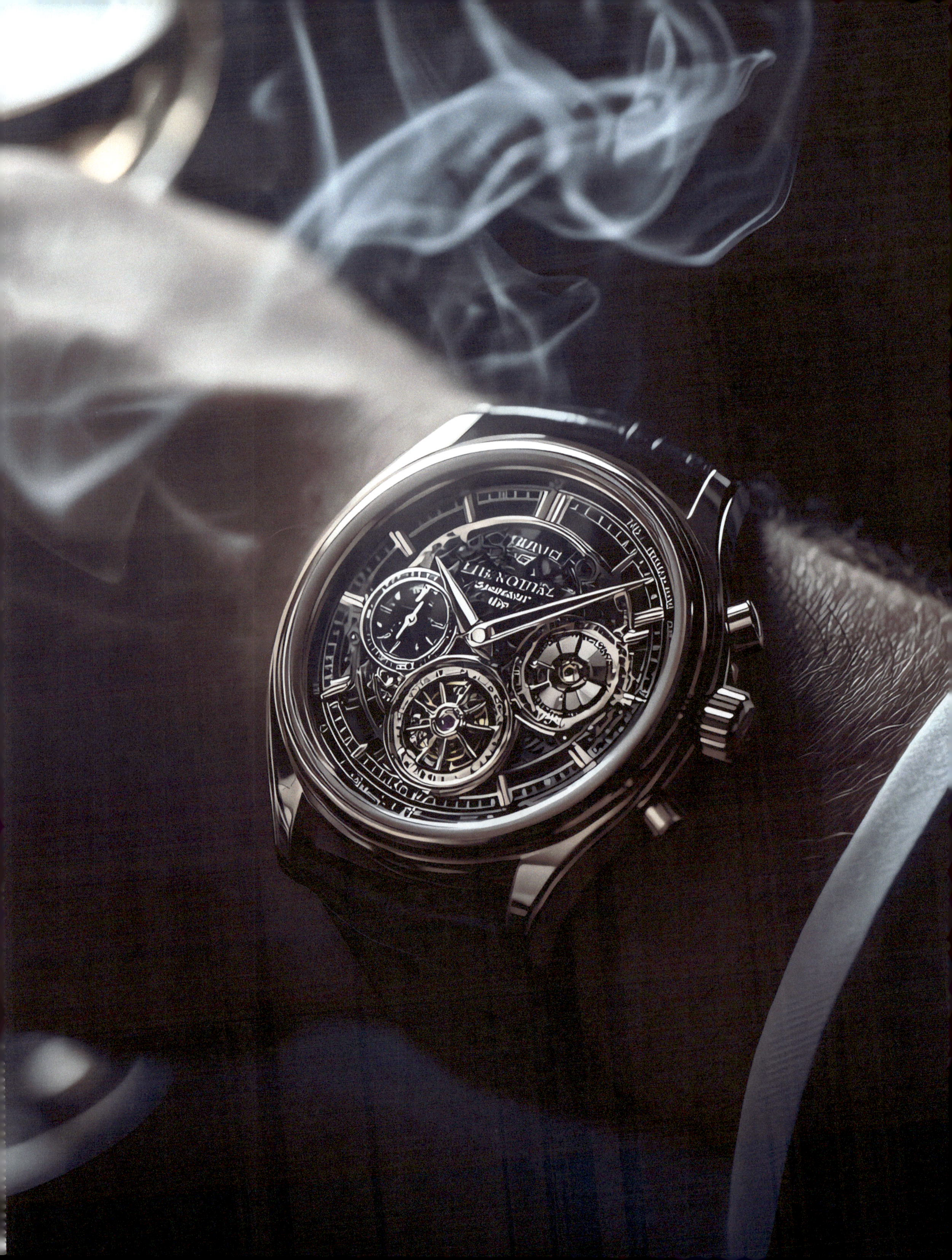

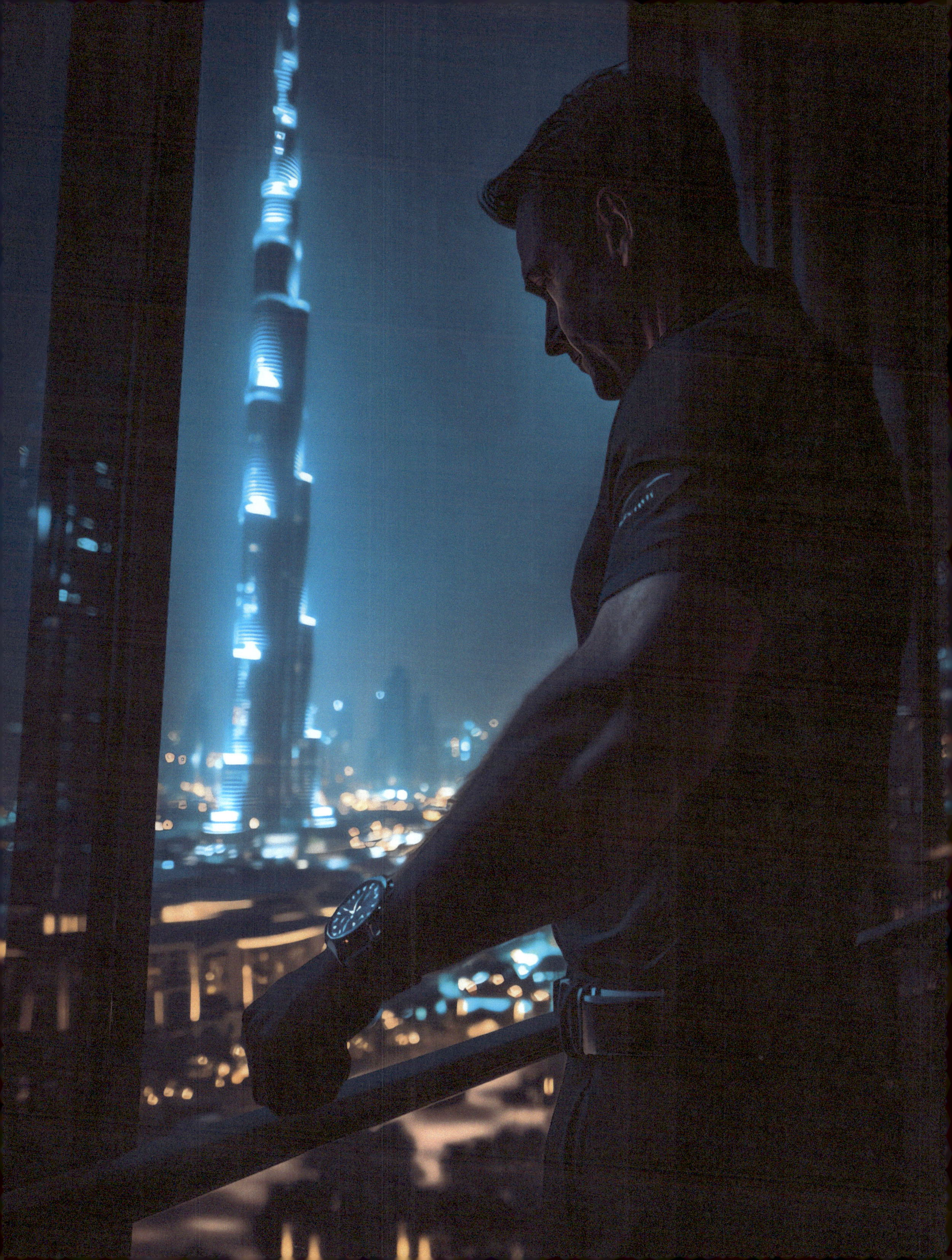

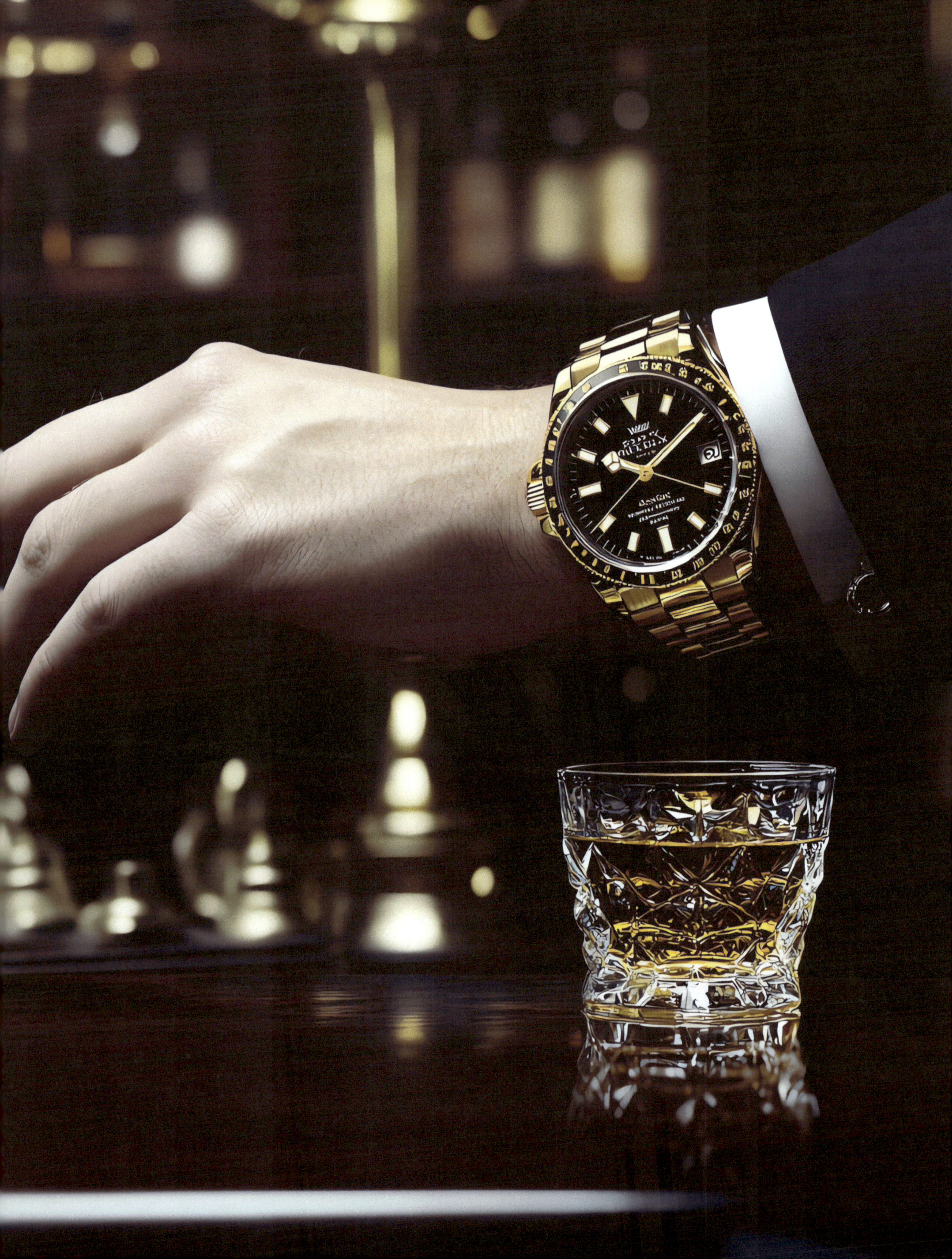

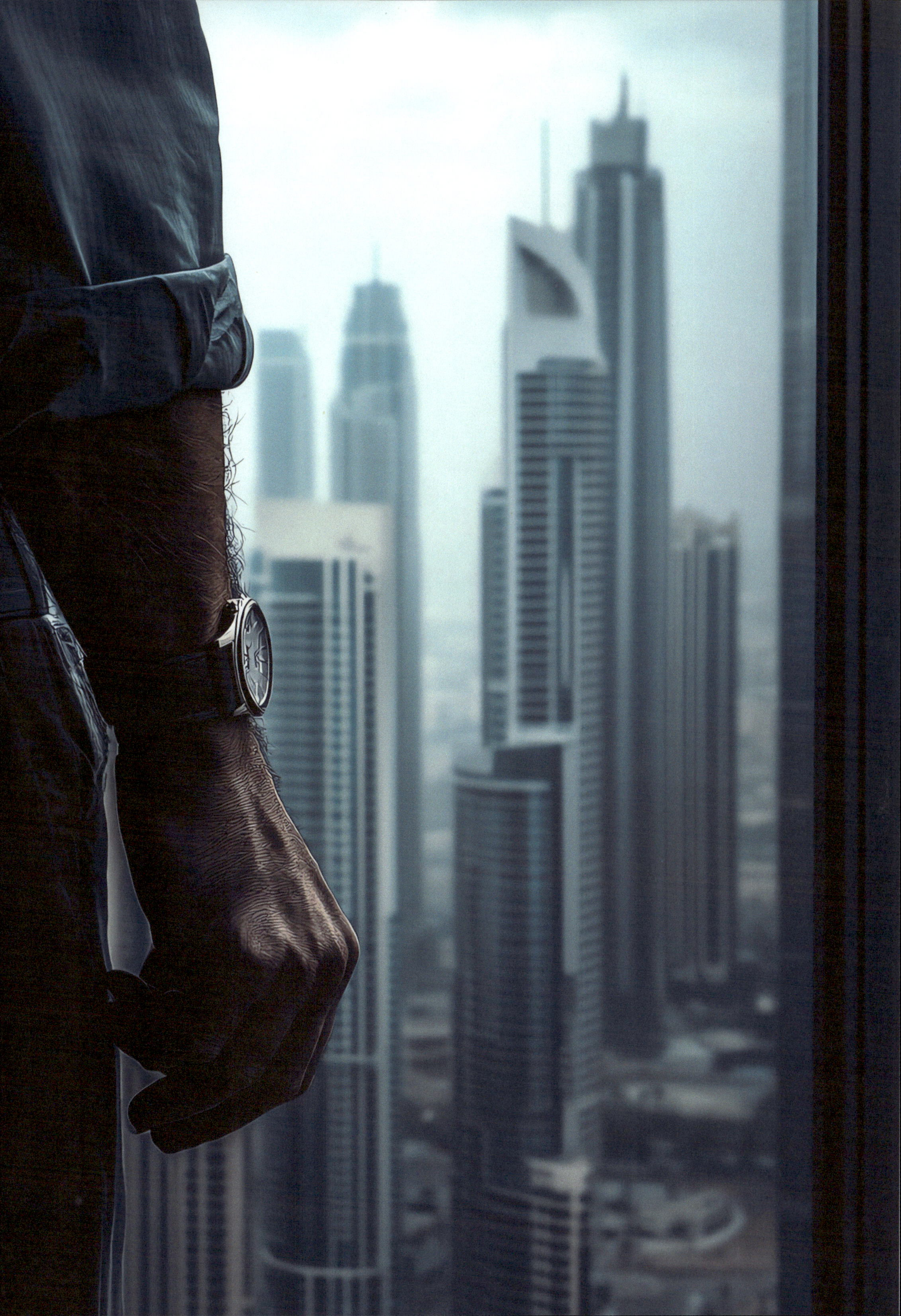

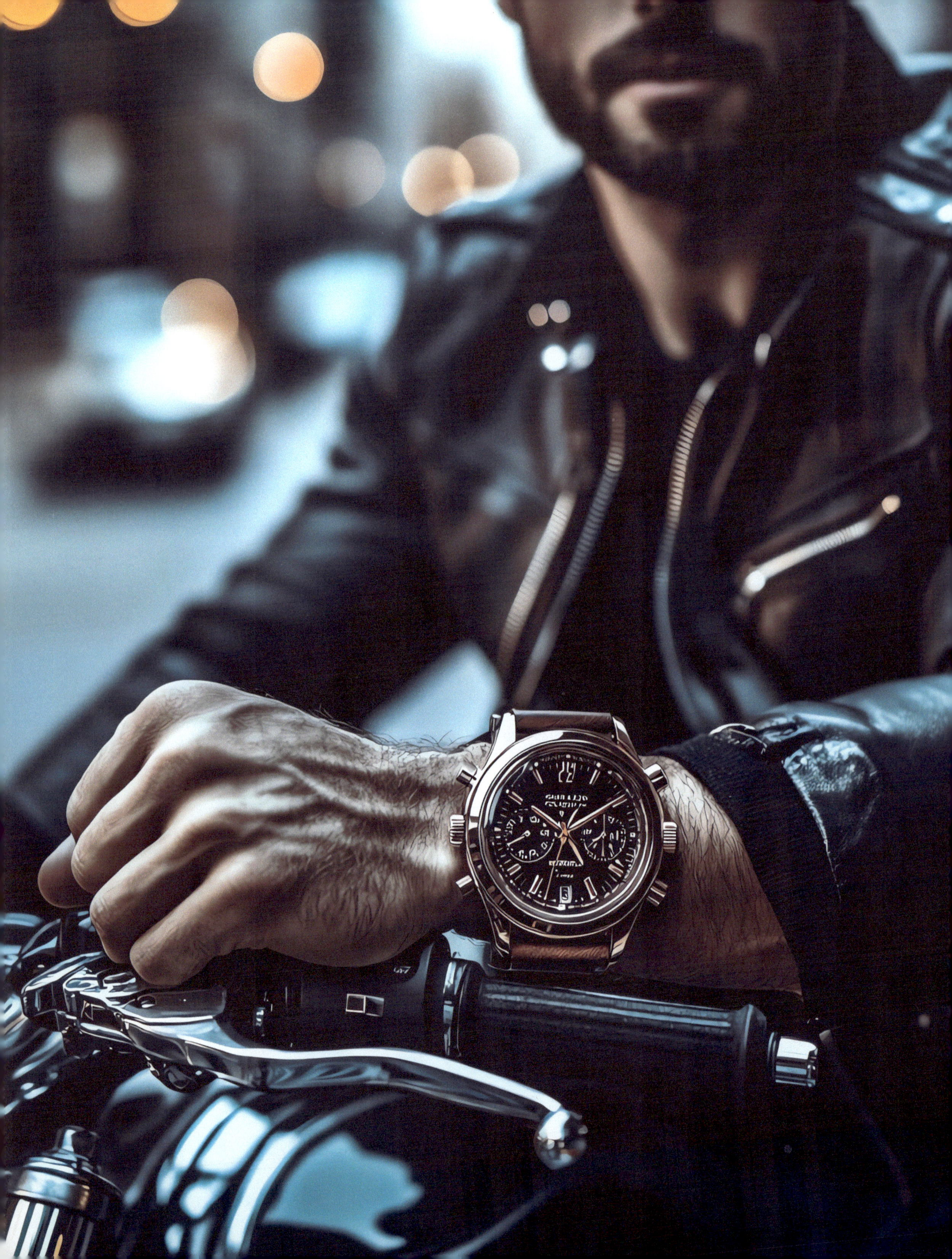

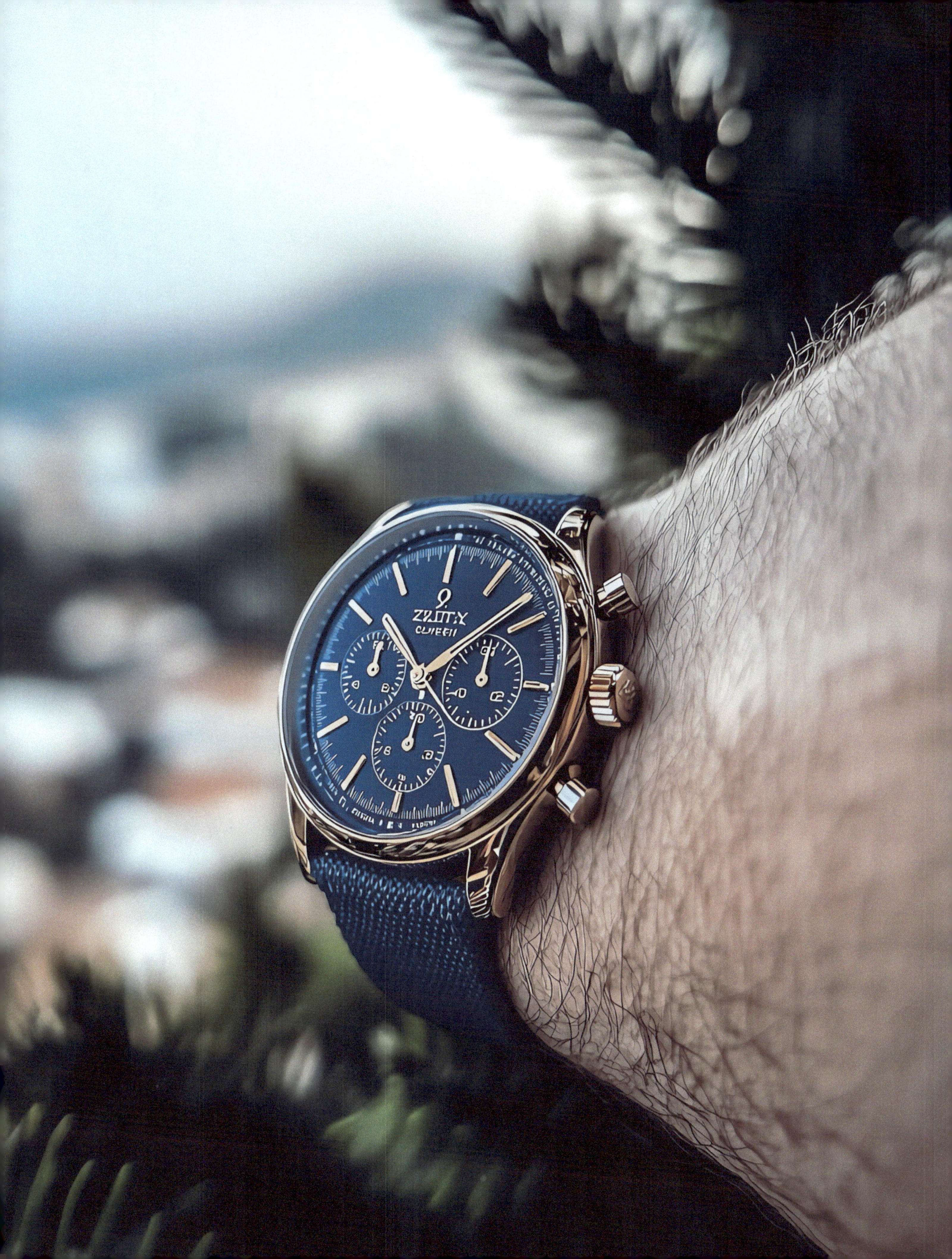

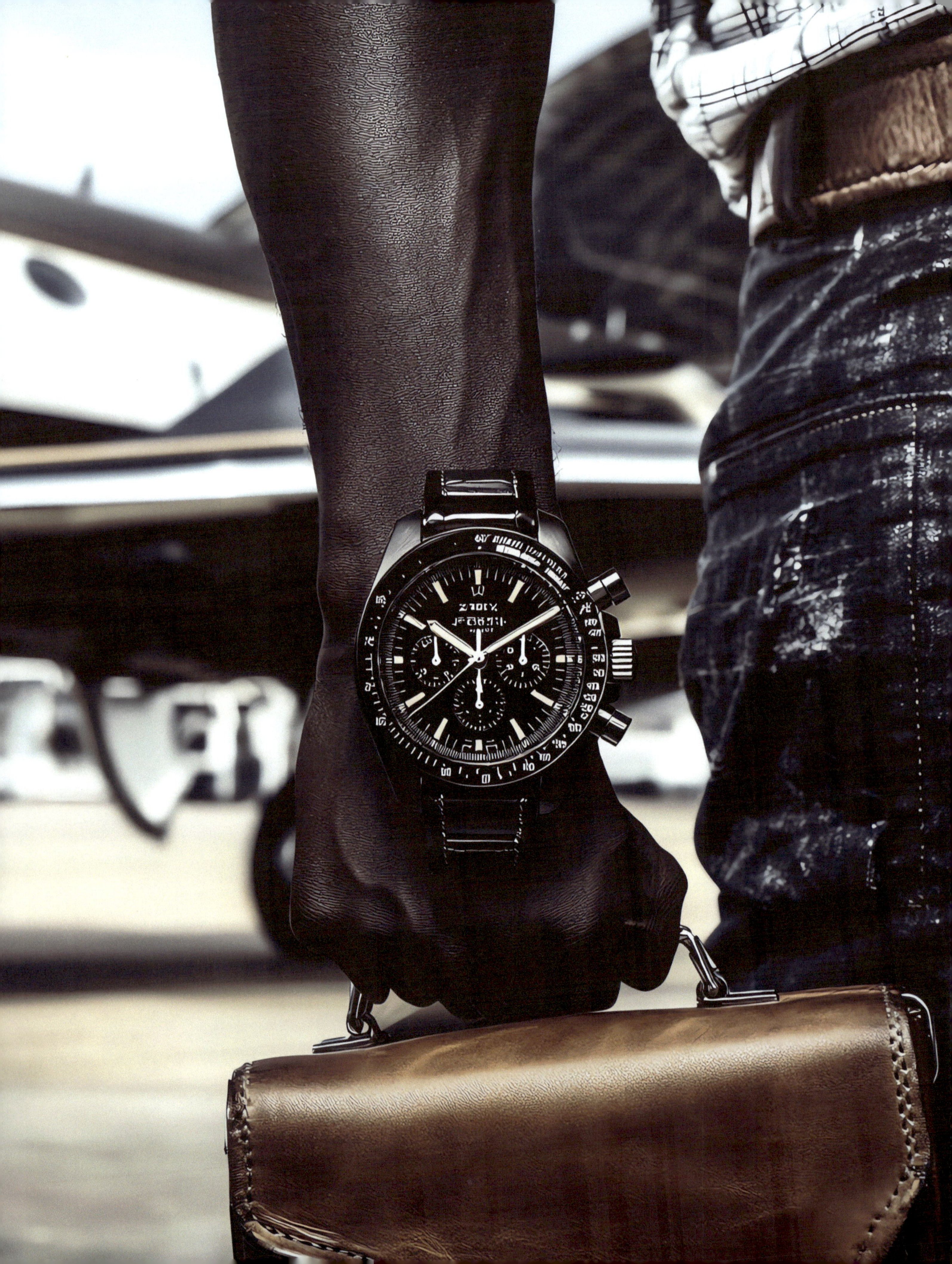

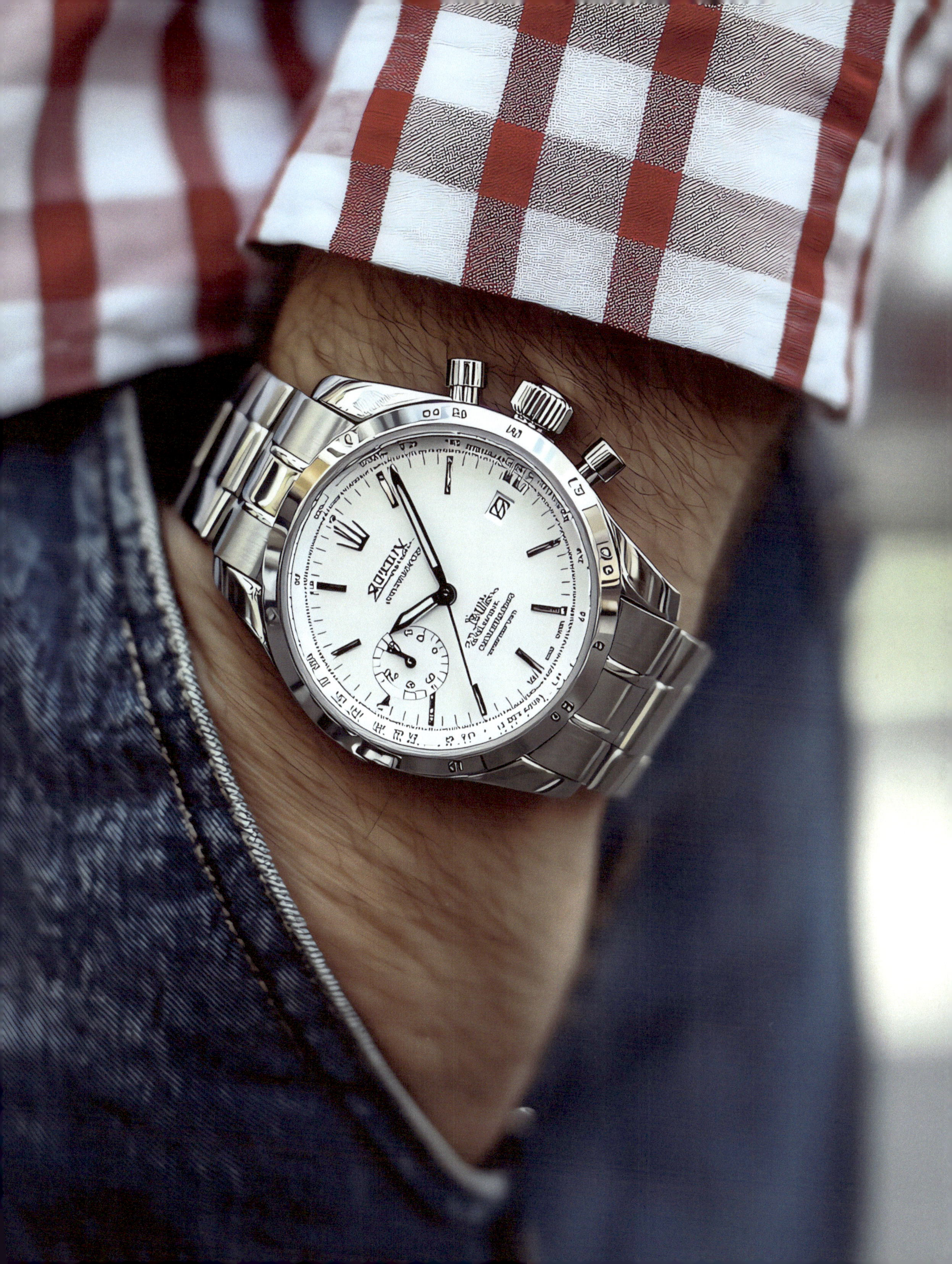

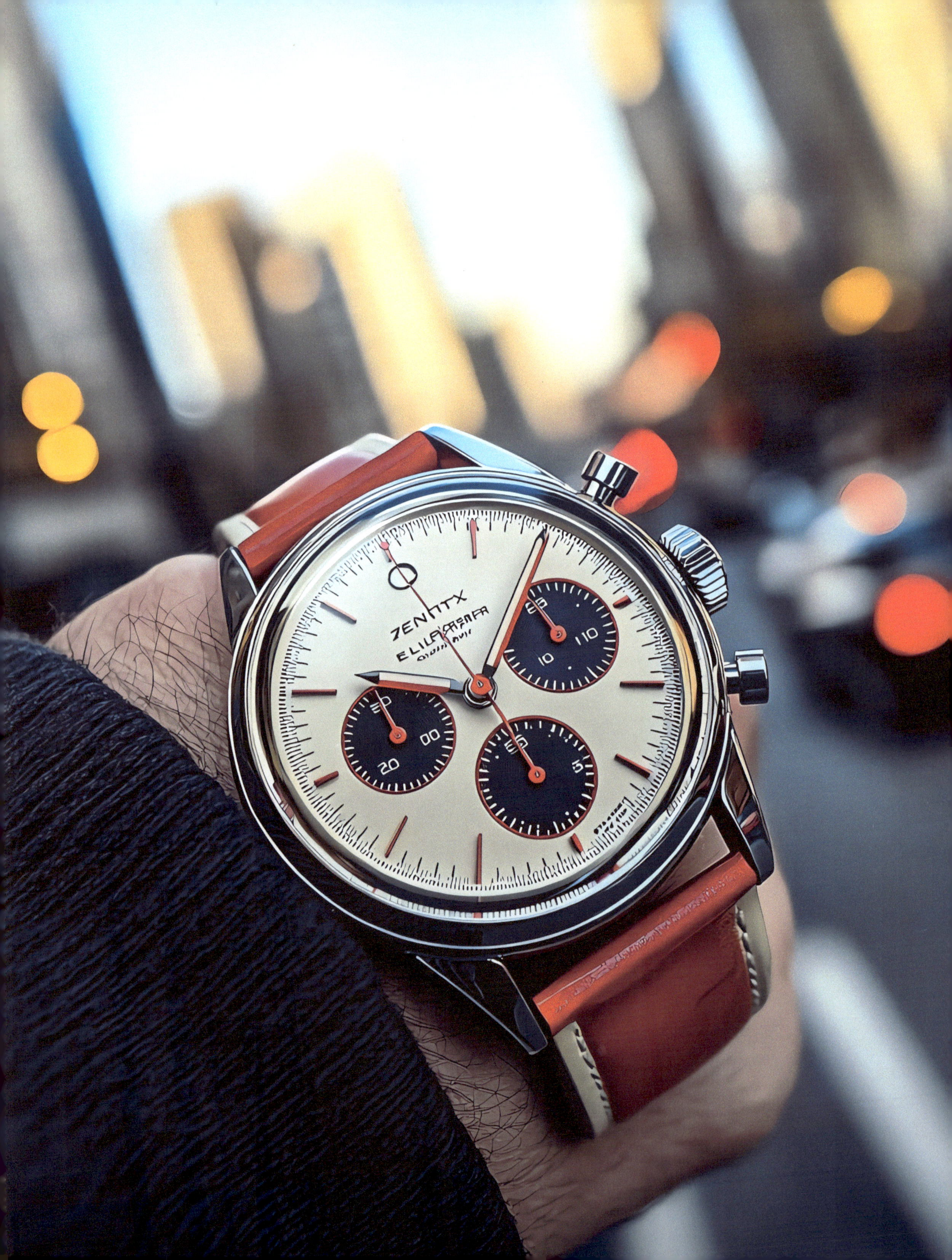

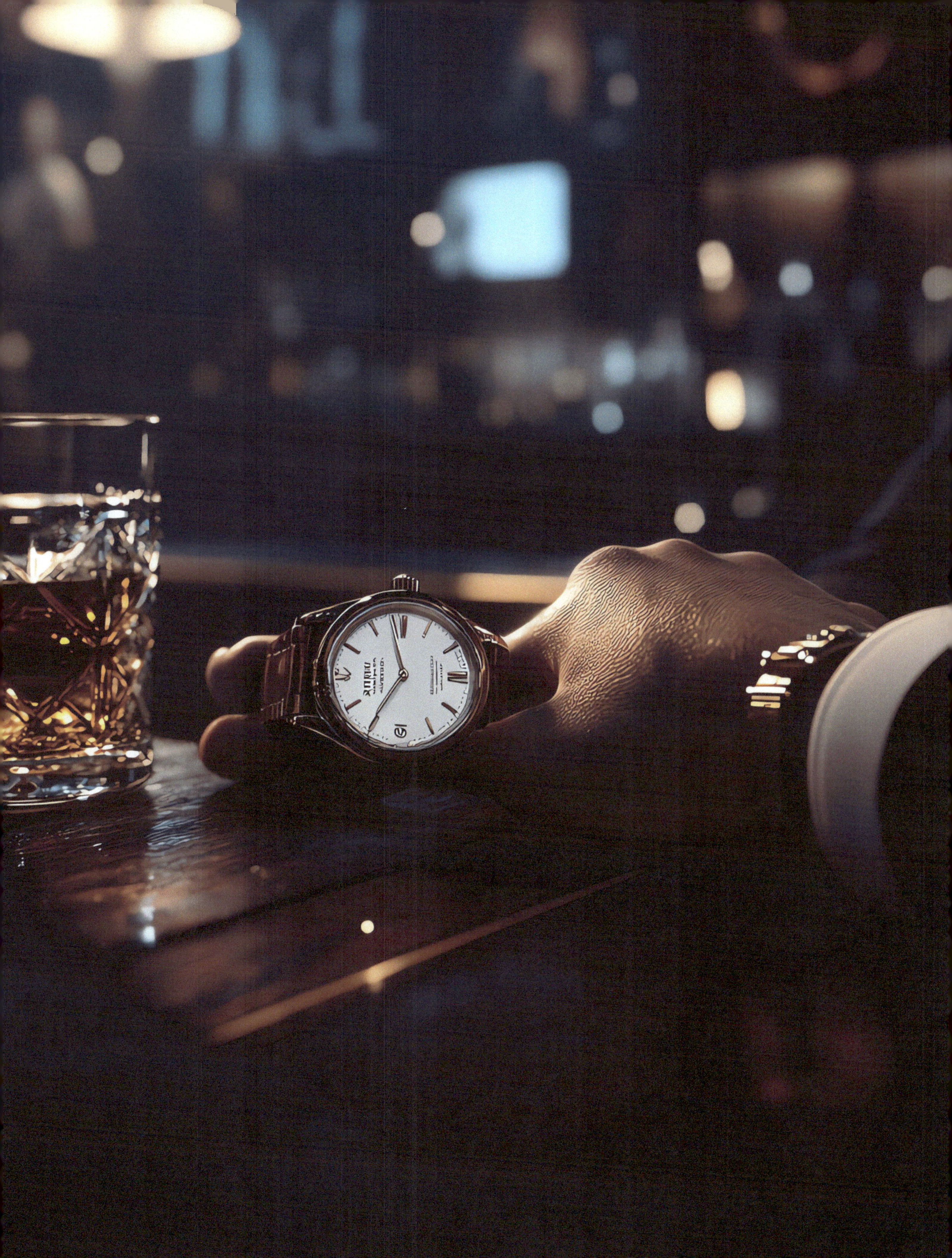

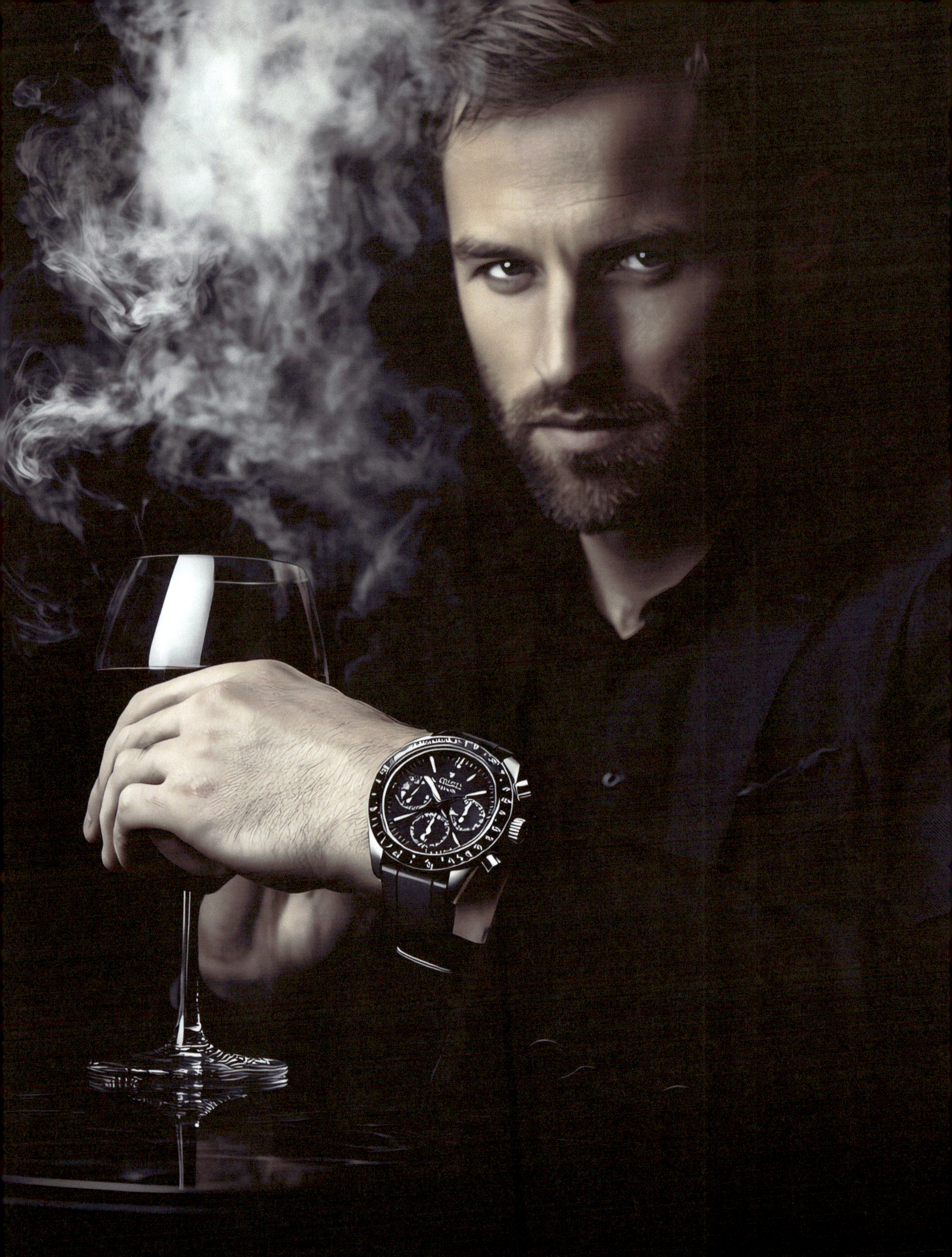

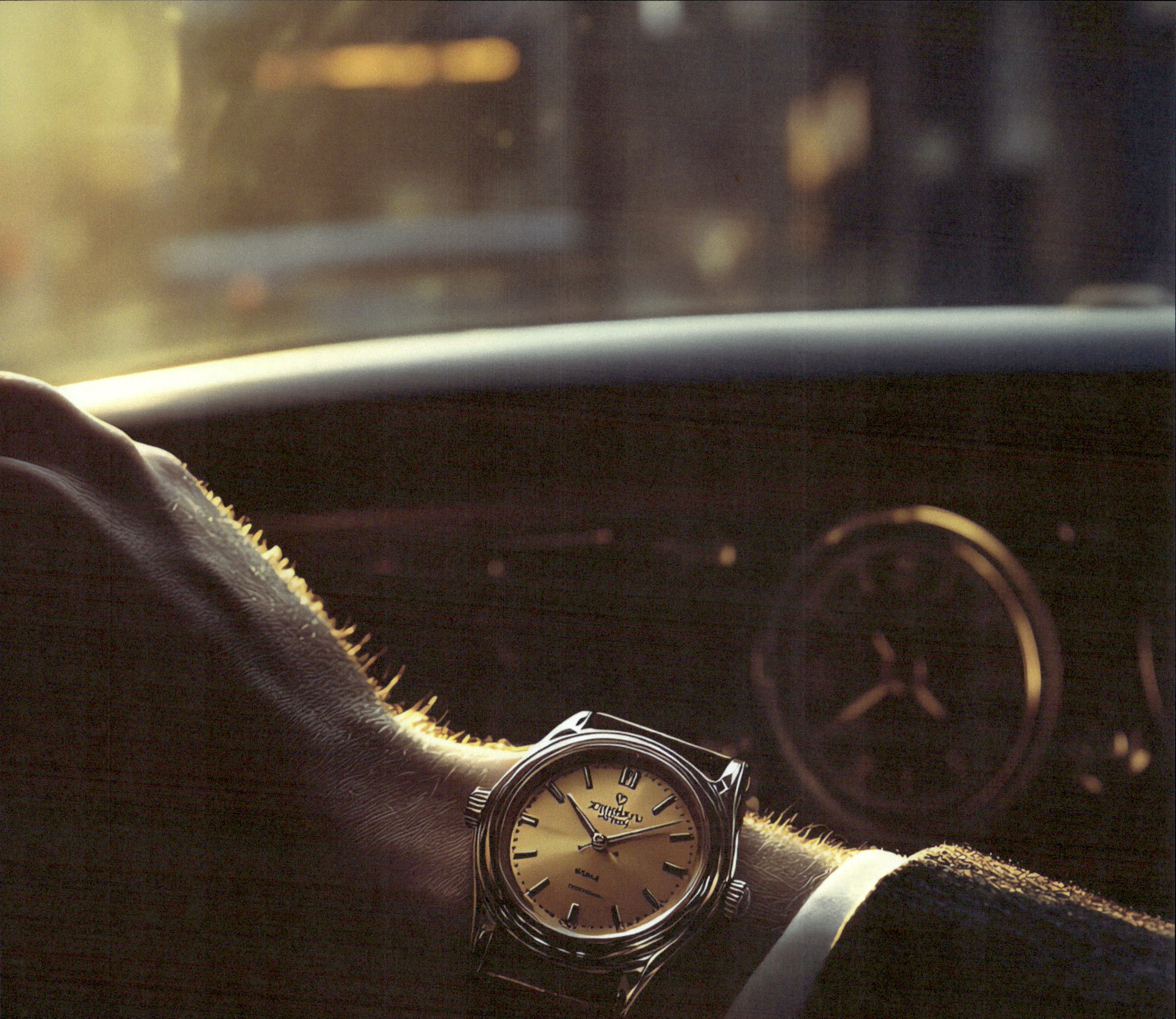

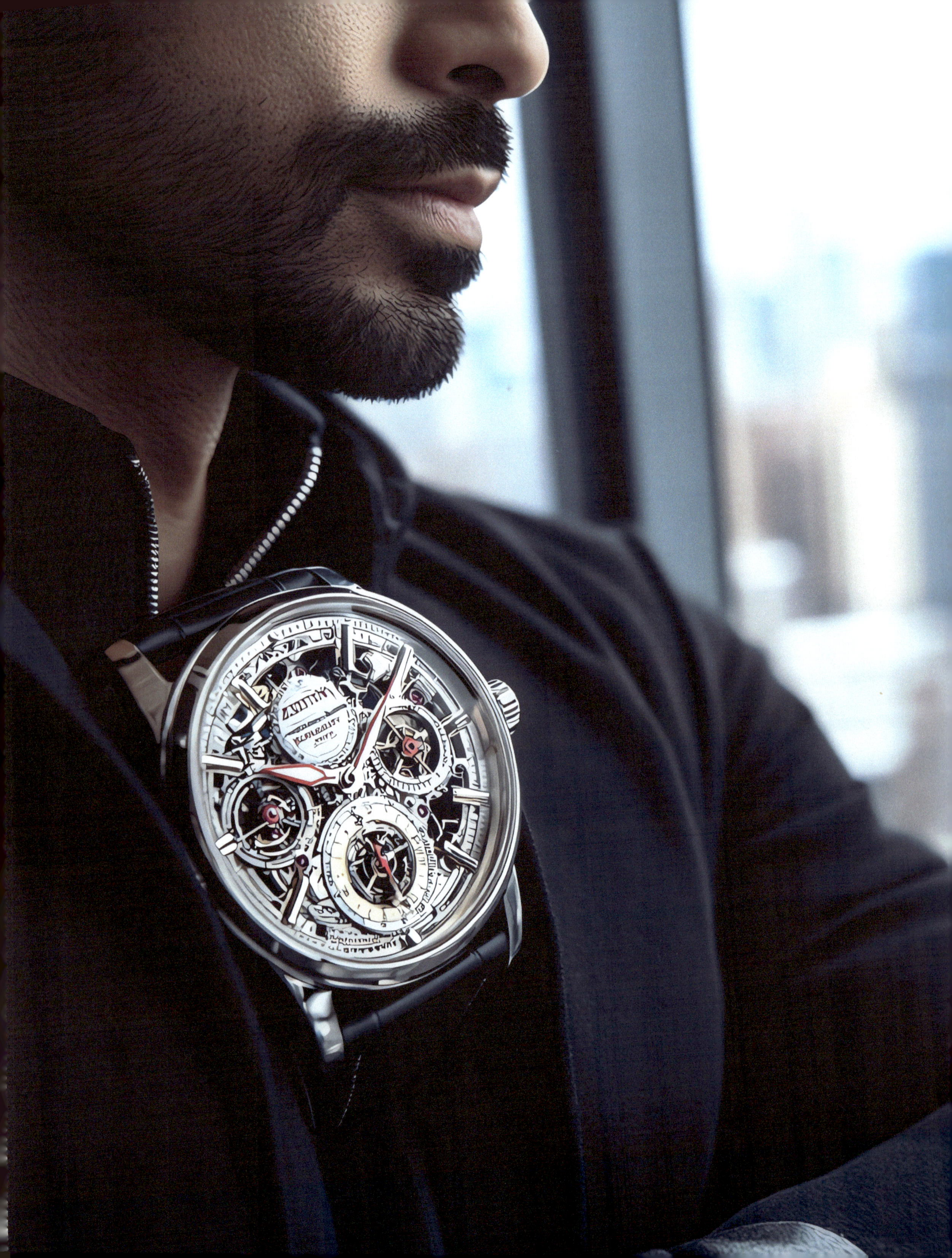

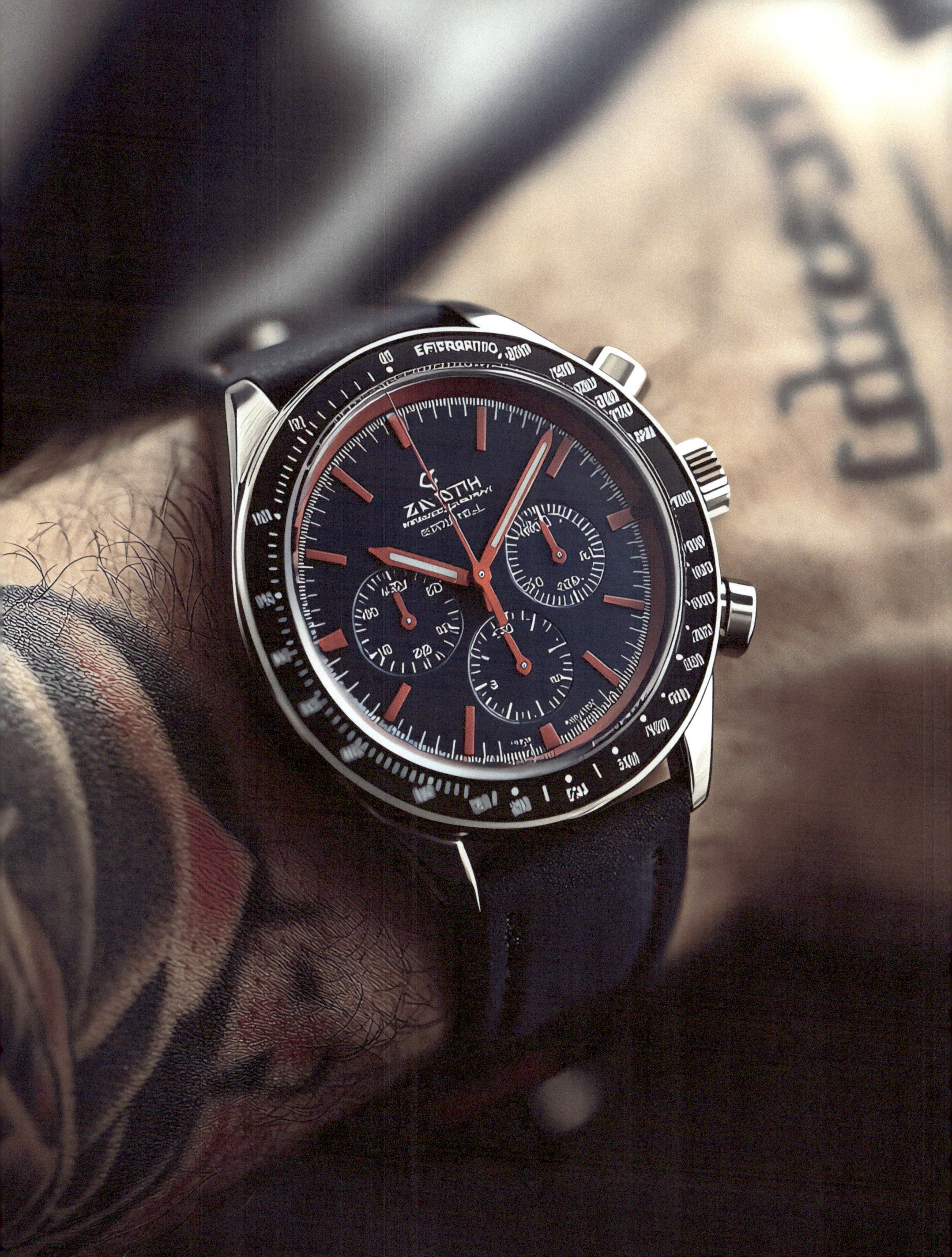

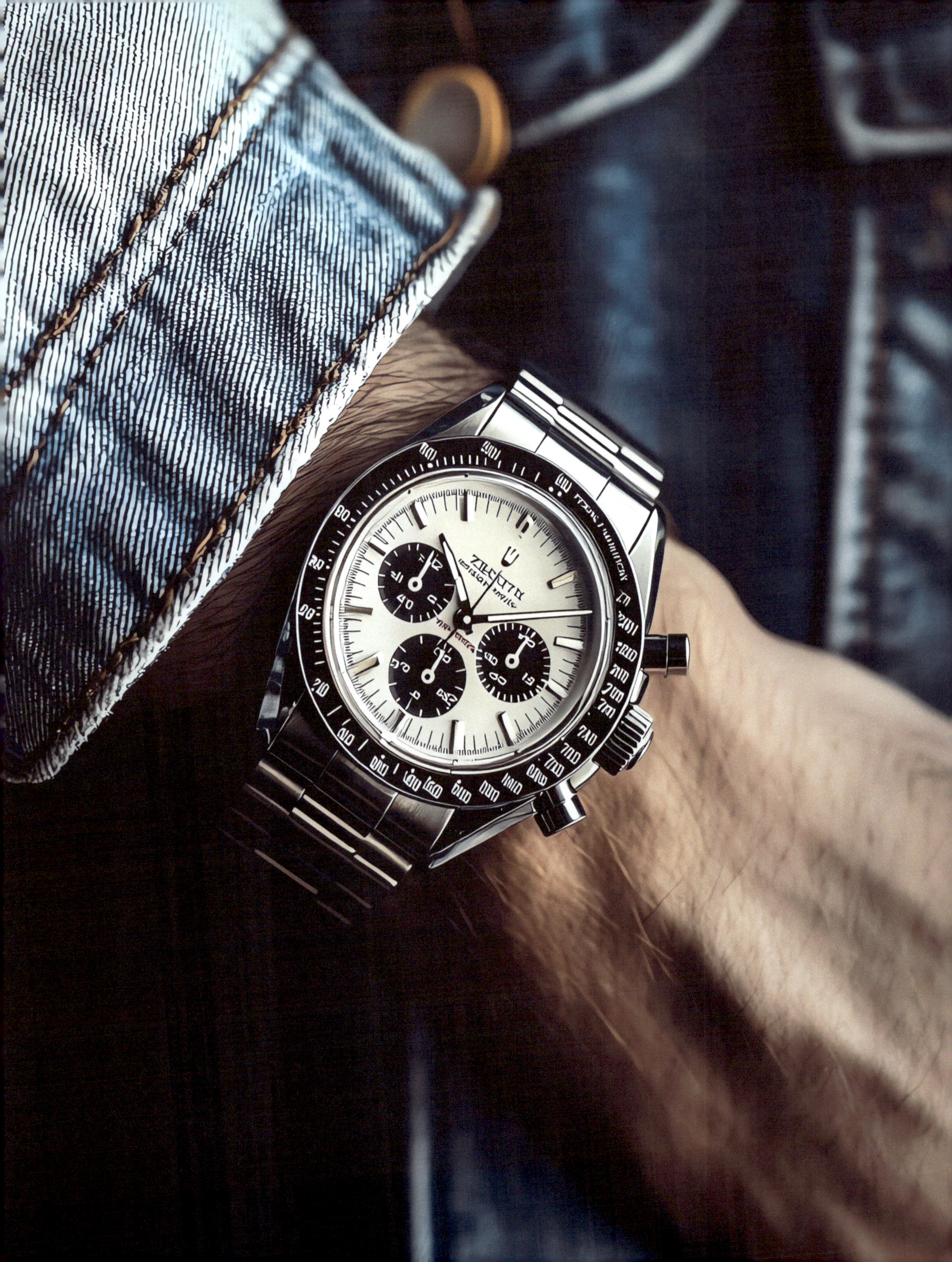

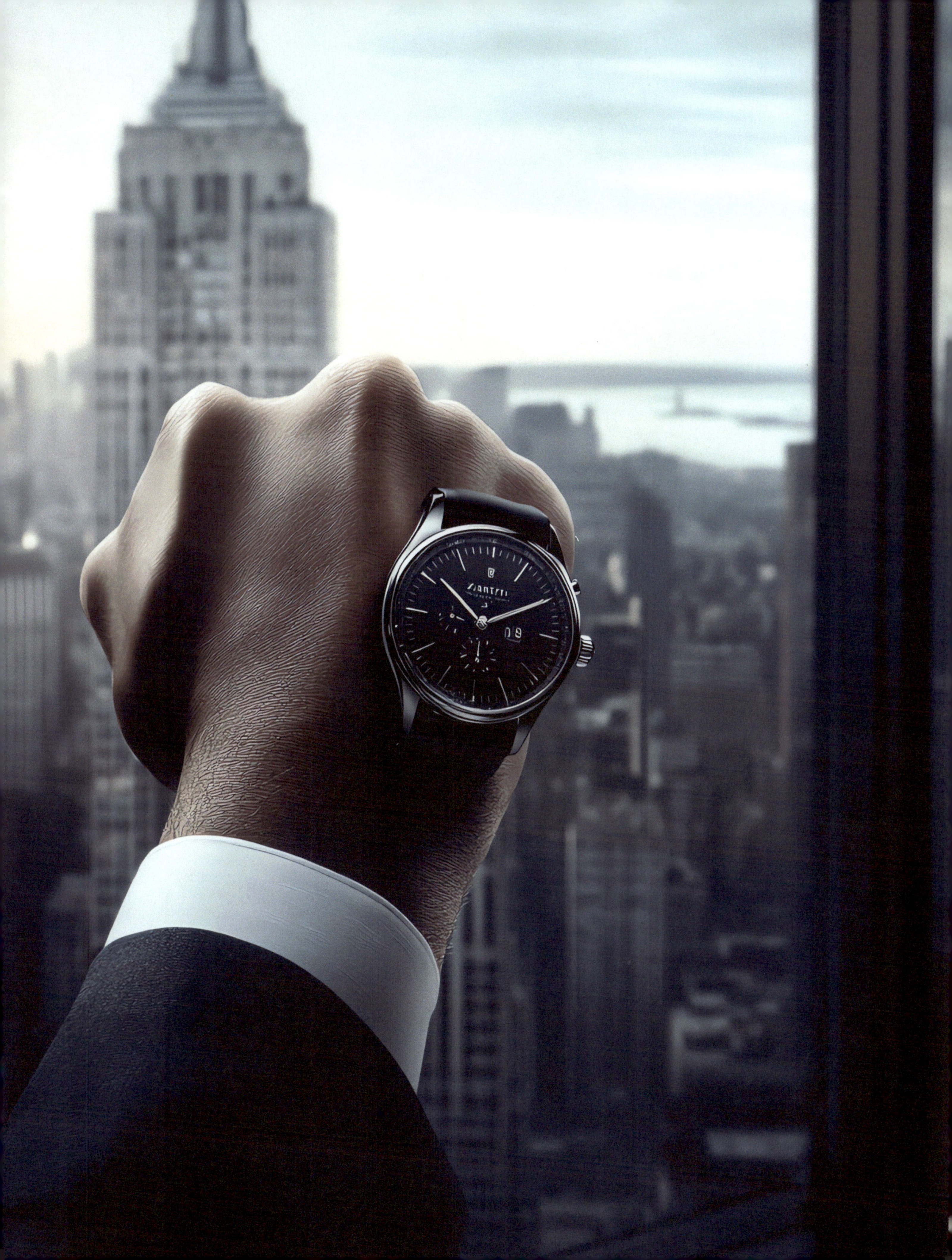

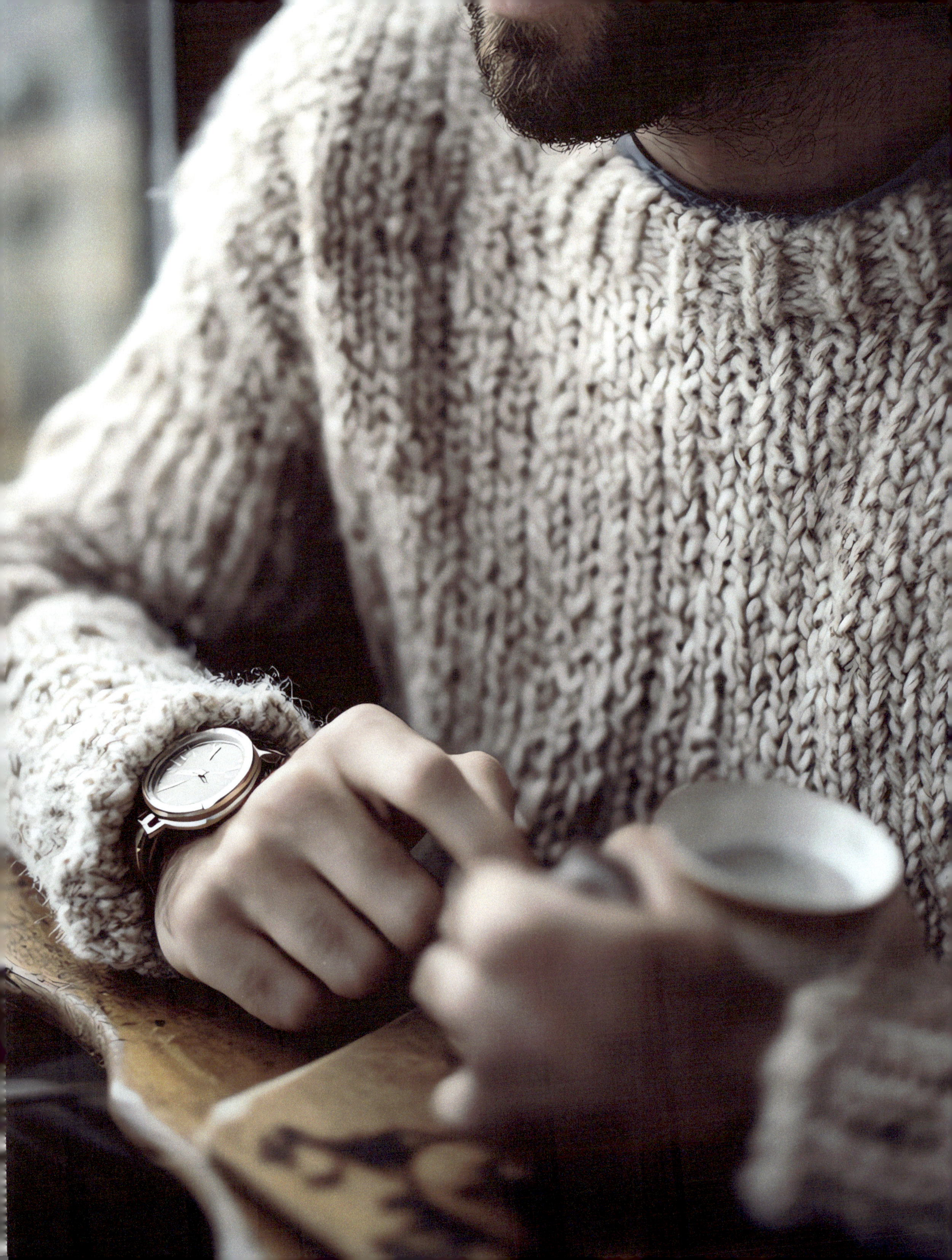

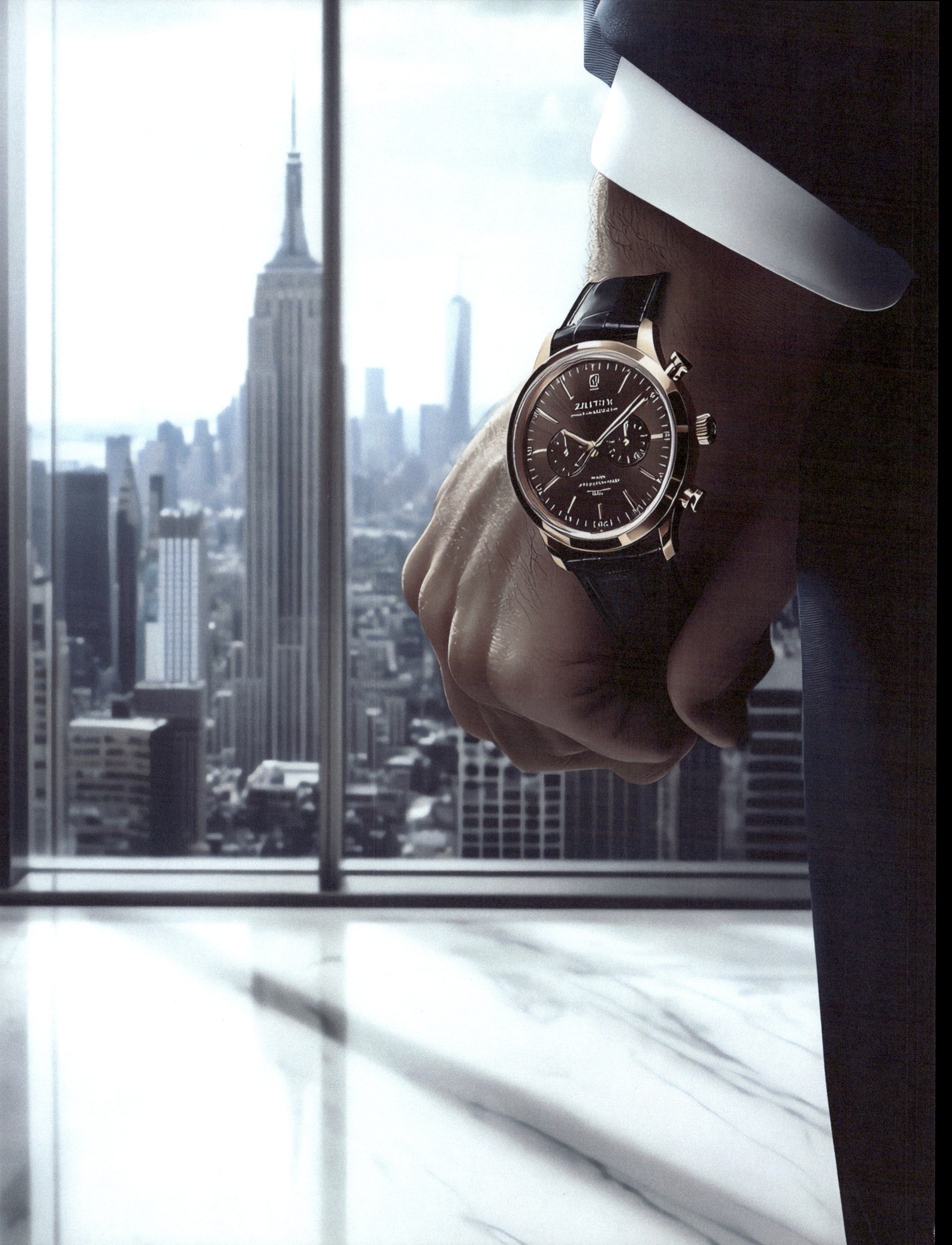

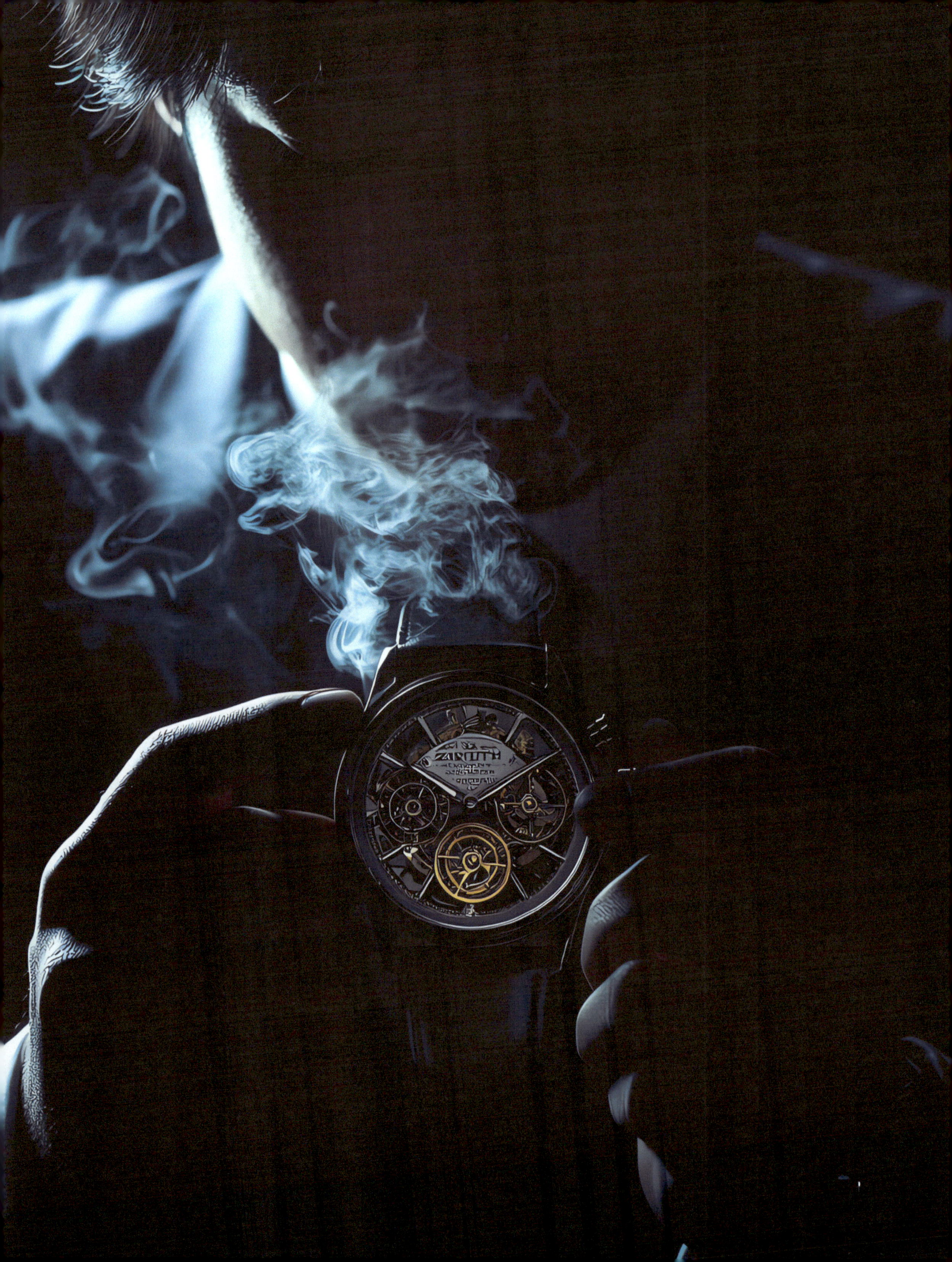
ZENITH

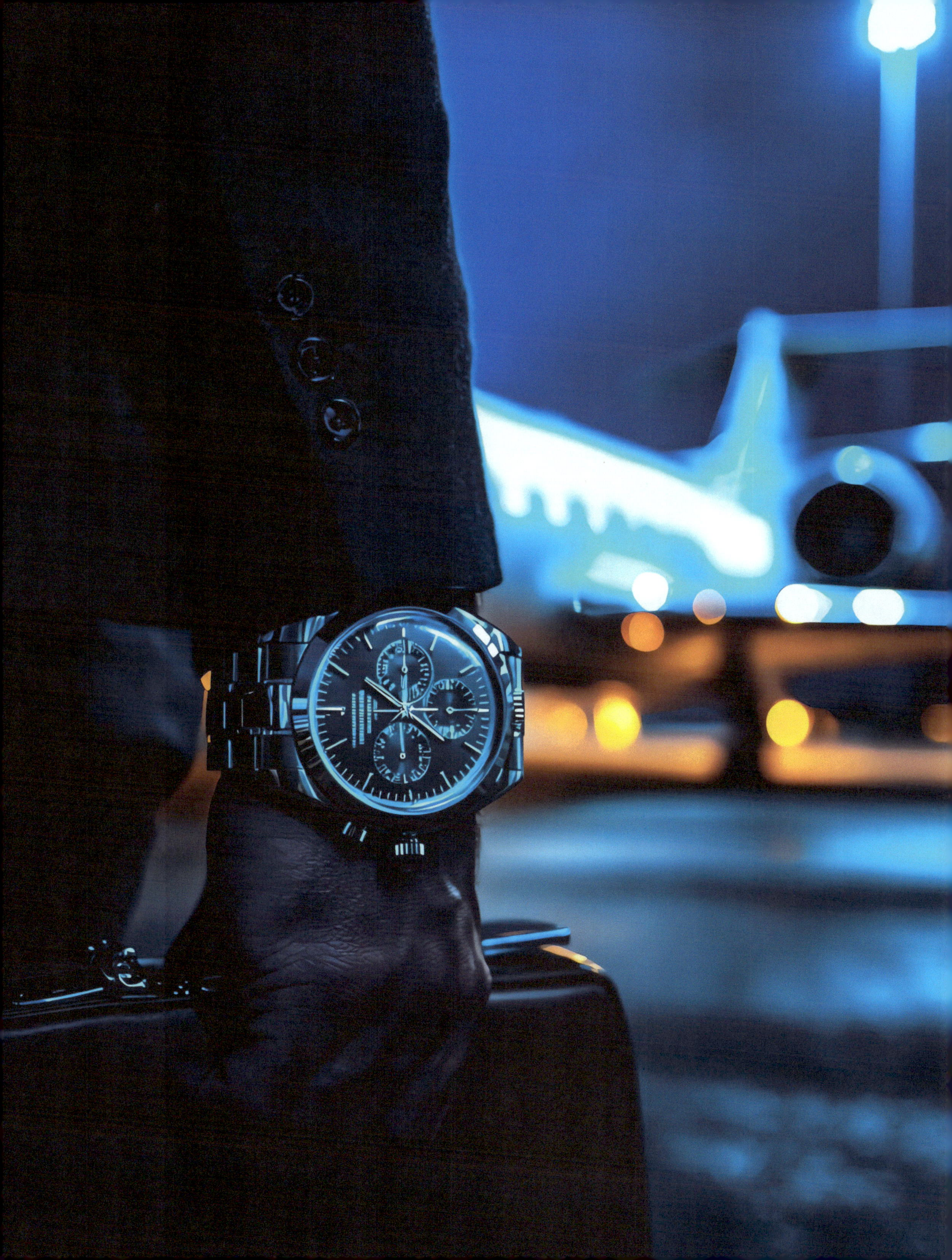

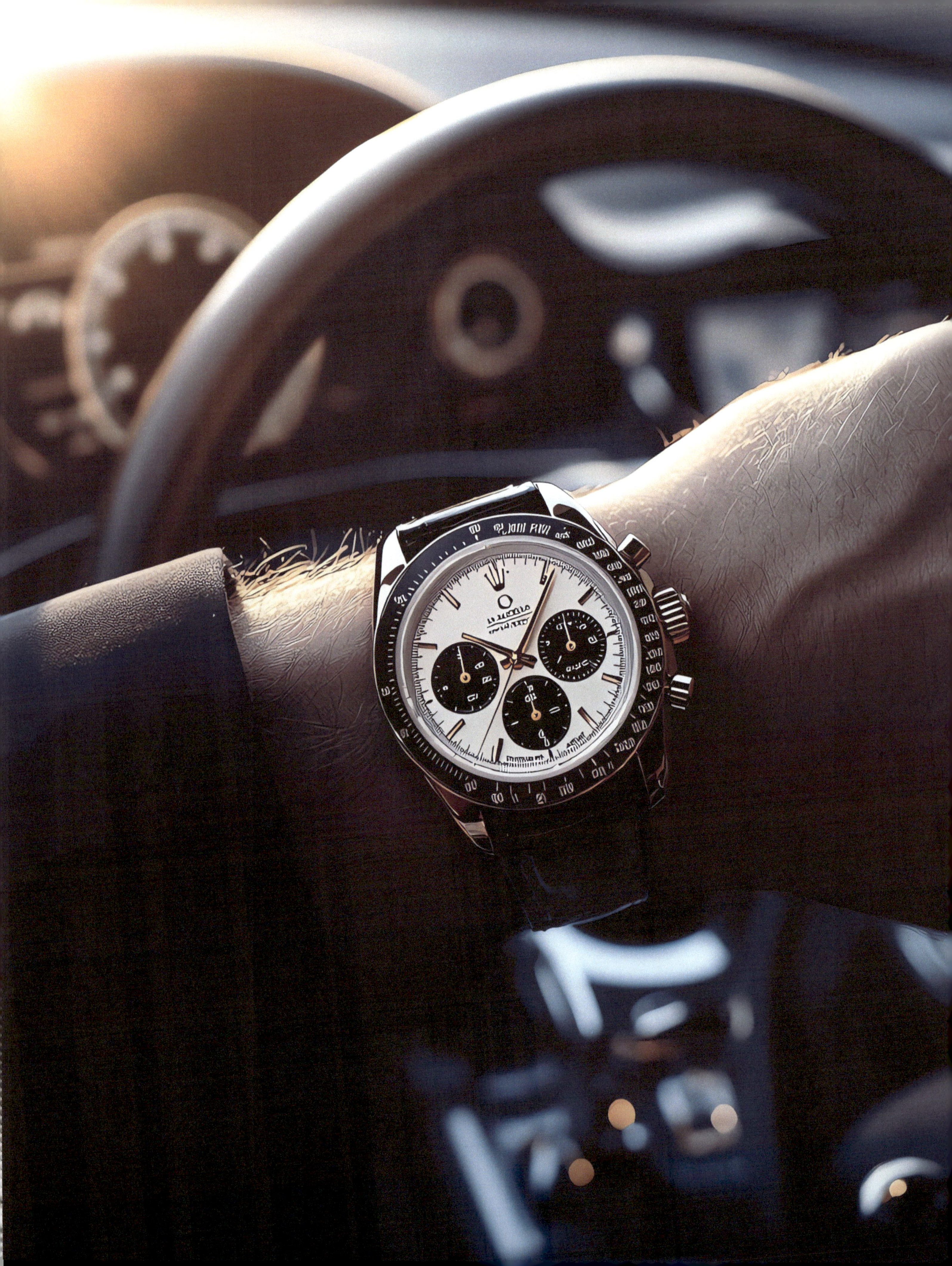

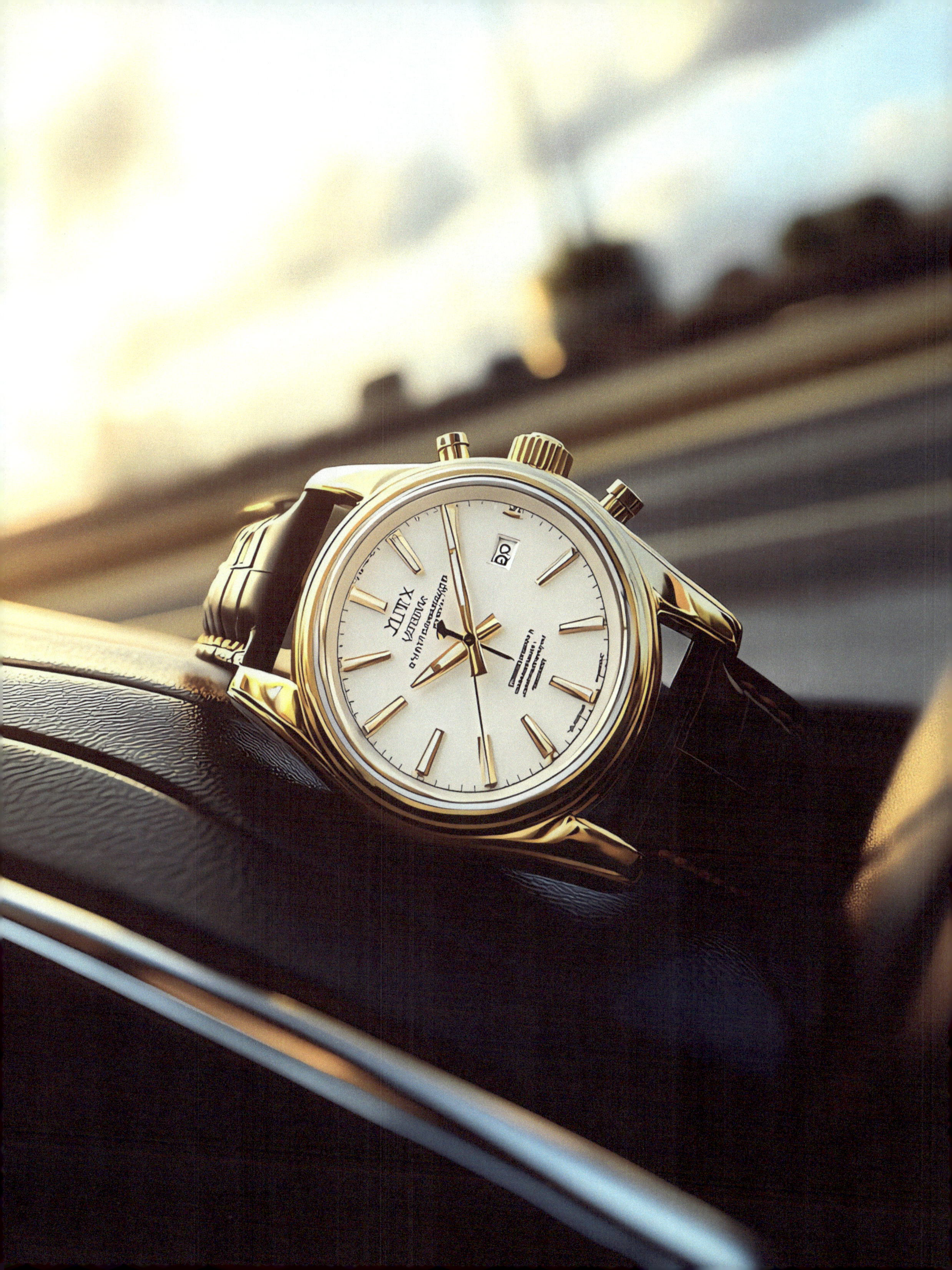

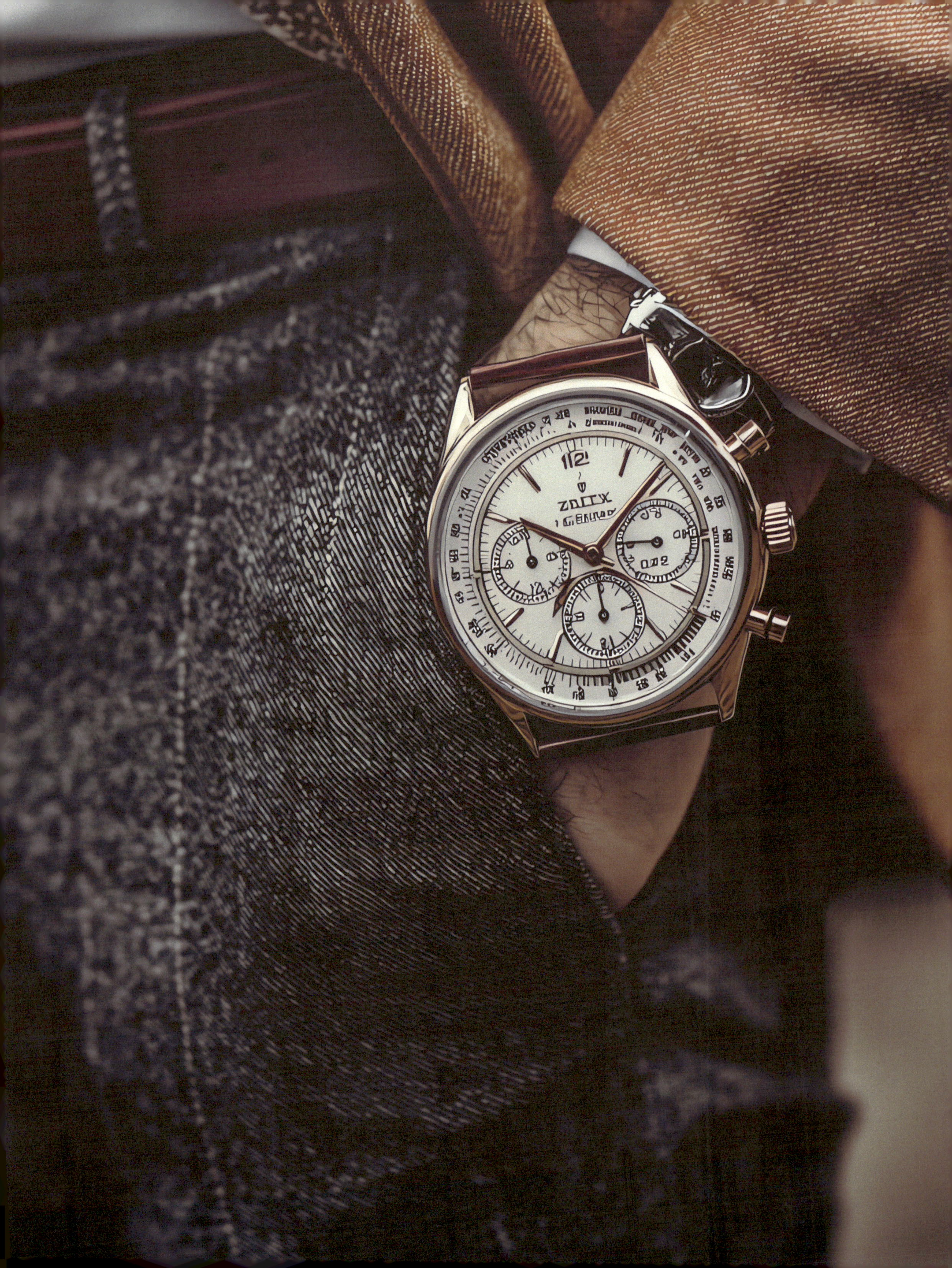

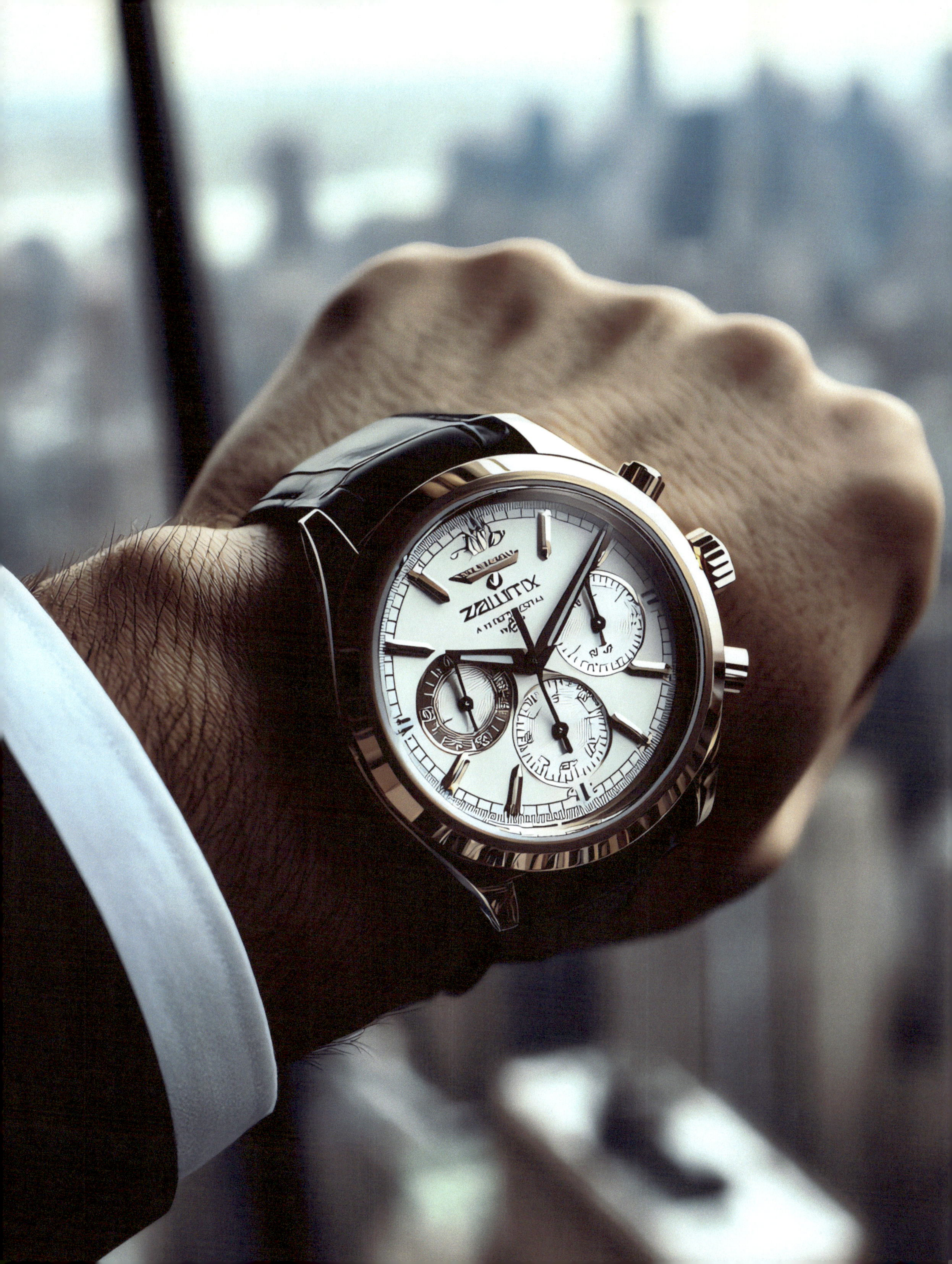

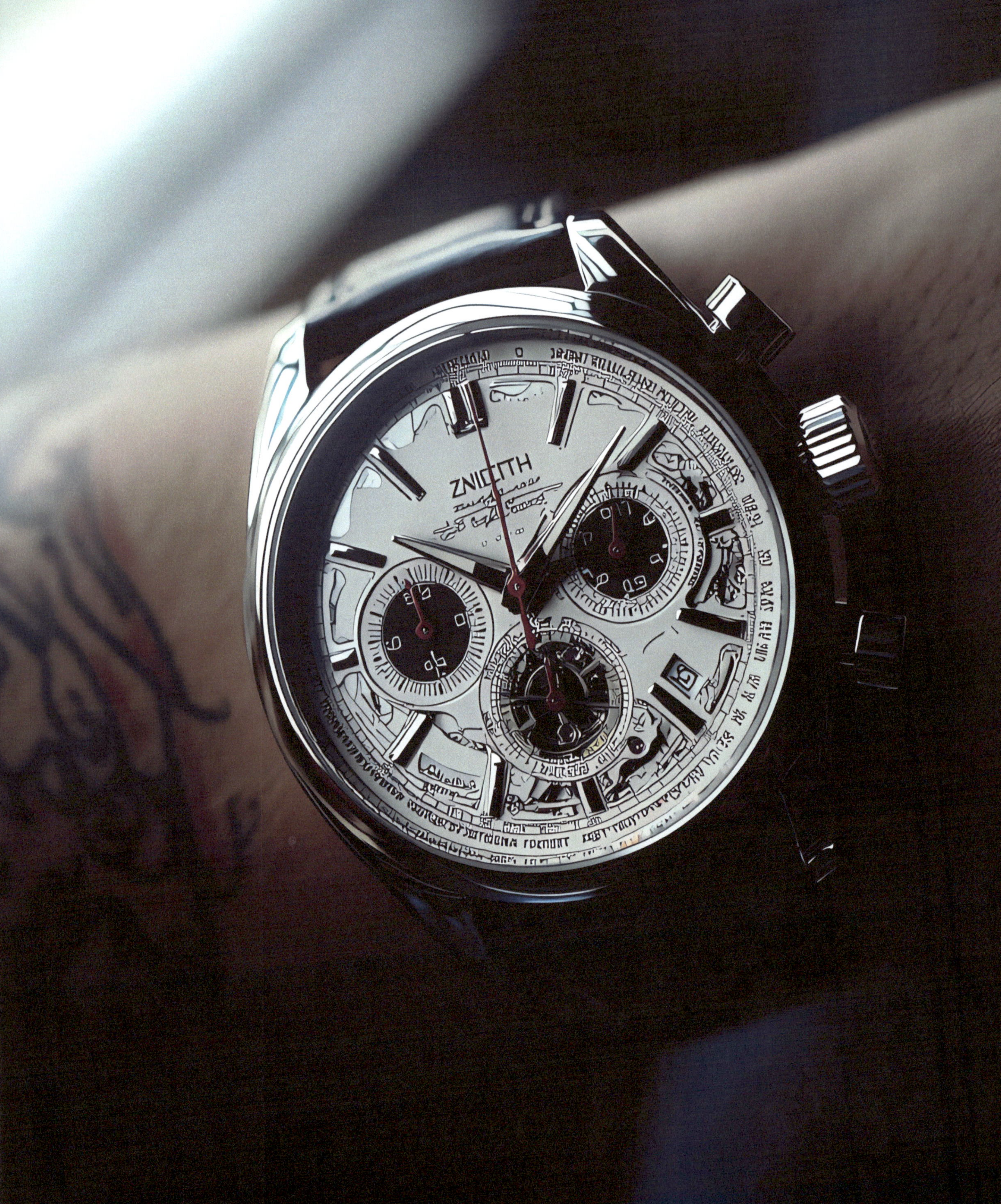

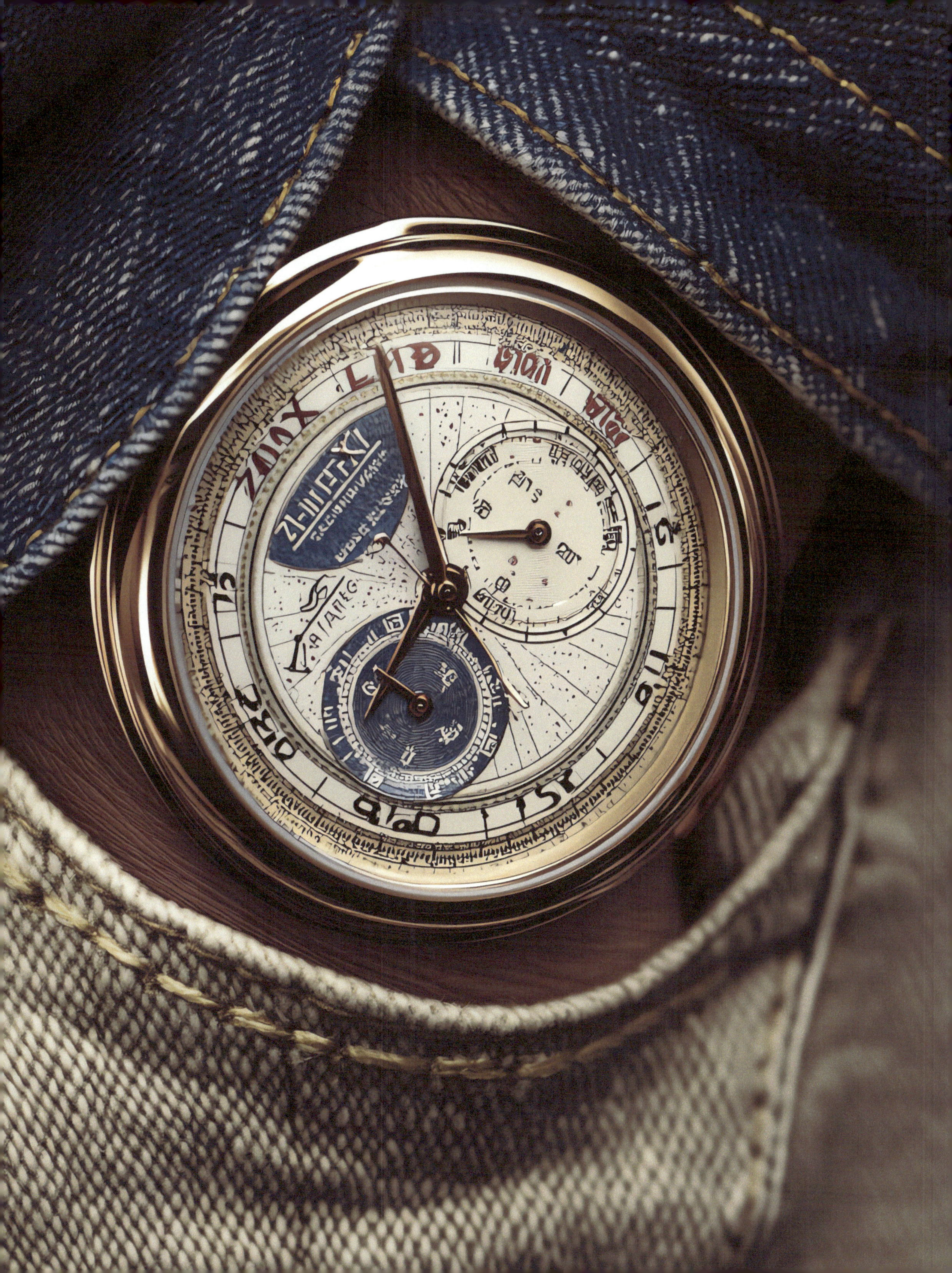

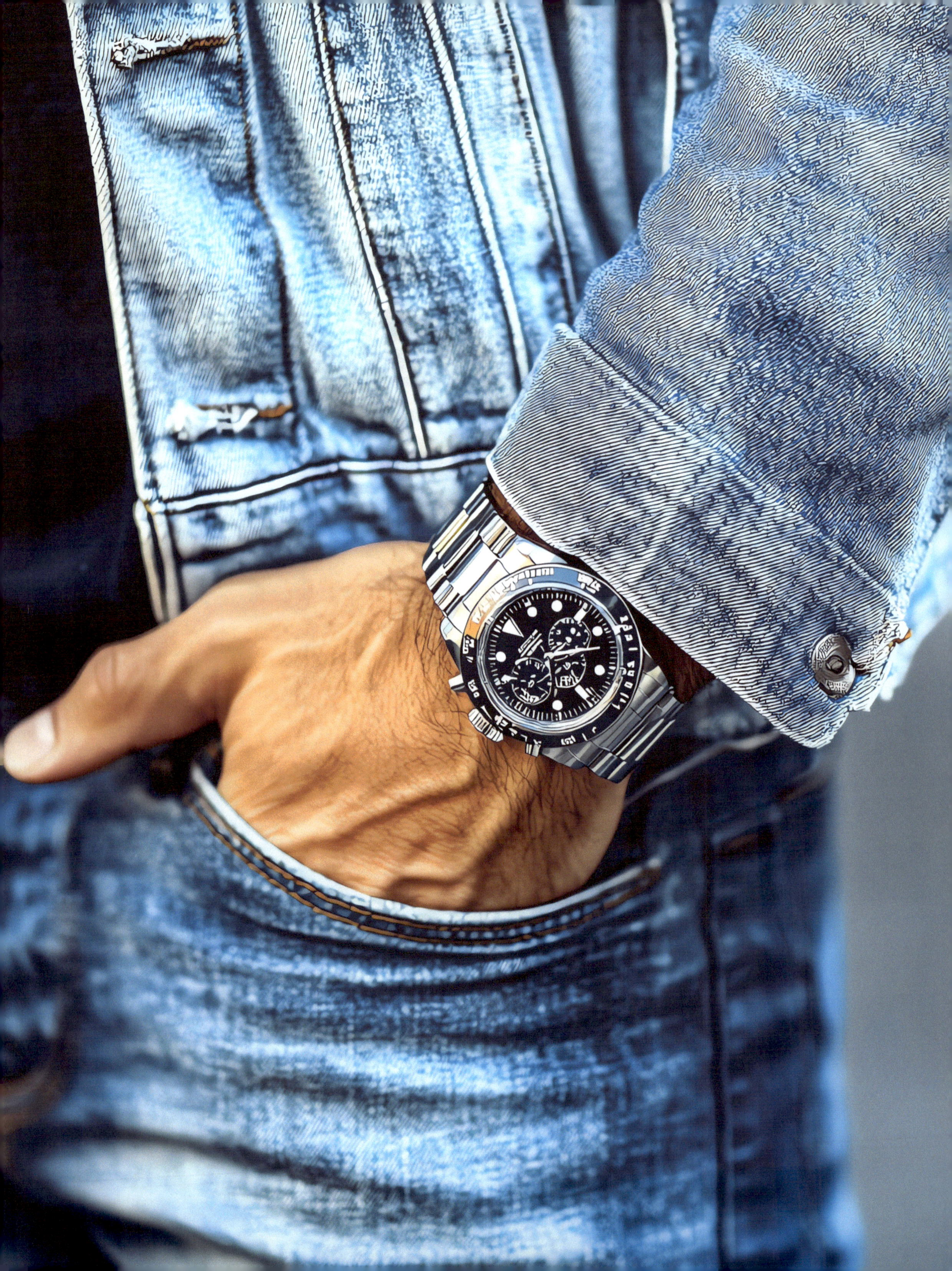